Christine Künzel (Hg.)
Die letzte Kommunistin
Texte zu Gisela Elsner

Christine Künzel (Hg.)

Die letzte Kommunistin

Texte zu Gisela Elsner

konkret
Texte 49
KVV konkret, Hamburg 2009
Gestaltung & Satz: Niki Bong
Titelfoto: Isolde Ohlbaum
Fotos Innenteil: dpa, Kai Greser, Renate von Mangoldt,
Isolde Ohlbaum, Hilde Zemann (2)
Druck: Fuldaer Verlagsanstalt GmbH, Fulda
ISBN 978-3-930786-56-5

Inhalt

Christine Künzel
Einmal im Abseits, immer im Abseits?   7
Anmerkungen zum Verschwinden
der Autorin Gisela Elsner

Elfriede Jelinek
Ist die Schwarze Köchin da? Ja, ja, ja!   23
Zu Gisela Elsner

Werner Preuß
Von den *Riesenzwergen* direkt ins *Abseits*?   31
Gisela Elsner und ihre Kritiker

Evelyne Polt-Heinzl
Alltagsrituale unter dem Mikroskop   47
oder Wie Gisela Elsner aus
dem Nähkästchen plaudern läßt

Bernhard Jahn
Fliegeralarm   63
oder Die Freilegung der bösen
Familie mit Hilfe von Bomben

Christine Künzel
Unter Wölfen   77
Anmerkungen zu dem
verschmähten Roman *Heilig Blut*

Carsten Mindt
Bandwürmer vs. Tausendfüßler   93
Gisela Elsners *Riesenzwerge*
und der Nouveau Roman

Chris Hirte
Gisela Elsner und die DDR   105

Tjark Kunstreich
Gisela Elsners Kommunismus   117
Anmerkungen zum essayistischen Werk

Auswahlbibliographie zu Gisela Elsner   129

Autorinnen und Autoren   139

Christine Künzel

Einmal im Abseits, immer im Abseits?

Anmerkungen zum Verschwinden der Autorin Gisela Elsner

»*Es ist an der Zeit, Gisela Elsner vom Film in die Literatur zurückzuholen und dem lesenden Publikum Gelegenheit zu geben herauszufinden, was es an dieser Schriftstellerin verloren hat.*«[1]

In den Feuilletons wurde sie als »schreibende Kleopatra«, als »Sphinx«, als »Meduse«, »Femme fatale« und »Amazone mit dem bösen Blick« gefeiert und gefürchtet. Ihre Markenzeichen: Perücken im »Kleopatra-Look« und mit dicken Lidstrichen schwarz umrandete Augen. Ähnlich wie bei Elfriede Jelinek waren auch die öffentlichen Auftritte Gisela Elsners sorgfältig inszeniert. Mit ihrer schrillen Aufmachung, die gewissermaßen zu ihrem Markenzeichen wurde,[2] hätte Elsner durchaus das Zeug zur »literarischen Ikone«[3] gehabt, wurde sie doch rückblickend neben Ingeborg Bachmann als einer der wenigen »weibliche(n) Star(s) unter Deutschlands Jungautoren der sechziger Jahre« und zusammen mit ihrem Ehemann Klaus Roehler als »Traumpaar der Gruppe 47«[4] gehandelt.

Doch war das Autorenpaar Roehler/Elsner bereits geschieden, als Elsner den Erfolg ihres Erstlings *Die Riesenzwerge* 1964 feierte.[5] Bei der Preisverleihung des »Prix Formentor« ist an ihrer Seite der Maler und Autor Hans Platschek zu sehen, den sie im selben Jahr heiratete. Das Paar lebte zunächst knapp acht Jahre im Ausland (in Rom und London) – für Elsner war es eine Flucht aus der ihr verhaßten Bundesrepublik mit ihrer faschisti-

---

1 Günter Franzen: »Das Relikt. Ein Plädoyer für die Schriftstellerin Gisela Elsner«, in: »Der Tagesspiegel«, 3.12.2000, S. W 6.
2 Vgl. Christine Künzel: »Make-up als Mimikry: Die Gesichter der Autorin Gisela Elsner (1937–1992)«, in: Christian Janecke (Hg.): *Gesichter auftragen. Argumente zum Schminken*, Marburg 2006, S. 155–173, und dies.: »Eine ›schreibende Kleopatra‹: Autorschaft und Maskerade bei Gisela Elsner«, in: Christine Künzel/Jörg Schönert (Hg.): *Autorinszenierungen. Autorschaft und literarisches Werk im Kontext der Medien.* Würzburg 2007, S. 177–190.
3 Gabriele Meierding: »Kot-Geburt und Männermeute«, in: »Spiegel online«, 20.4.2007; http://www.spiegel.de/kultur/literatur/0,1518,479058,00.html (Stand: 30.4.2007).
4 Tilman Krause: »Geschichte ist die einzige Quelle« (zu »Die Unberührbare«), in: »Die Welt«, 6.5.2000; http://welt.de/print-welt/article513060/Geschichte_ist_die_einzige_Quelle.html (Stand: 8.2.2009).
5 Gisela Elsner und Klaus Roehler wurden 1963 (nach nur knapp fünf Jahren Ehe) geschieden, als ihr gemeinsamer Sohn Oskar vier Jahre alt war. Zur Beziehung zwischen dem Autorenehepaar siehe den umfangreichen Briefwechsel *Wespen im Schnee*, hg. von Franziska Günther-Herold und Angela Drescher, Berlin 2001.

schen Vergangenheit – und später (von 1970 bis zur Scheidung 1977) in Hamburg. Bis zu ihrem Tod im Jahr 1992 lebte die 1937 in Nürnberg geborene Autorin in München.

Von Beginn ihrer Karriere an hatte Elsner nicht nur ein gestörtes Verhältnis zu ihrer Familie, sondern auch zum Leben in der Bundesrepublik Deutschland mit ihren restaurativen Tendenzen in der Nachkriegszeit. Gisela Elsner hat die Bundesrepublik stets als Fremde wahrgenommen, daher auch ihr unerbittlicher, ethnographischer Blick und der große Haß, mit dem sie die Rituale des Klein- und Großbürgertums betrachtete. Elsner selbst hat ihre Position innerhalb der bundesdeutschen Literaturlandschaft denn auch stets als eine abseitige, als »literarisches Ghetto« empfunden – so formuliert in einem 1983 erschienenen Essay mit dem Titel »Autorinnen im literarischen Ghetto«[6]. In Elsners Bestandsaufnahme deutet sich nicht allein die Frustration einer Autorin an, die nie einen wirklichen Ort gefunden hat in der bundesdeutschen Literaturlandschaft und die ab dem Beginn der 80er Jahre – nicht zuletzt auch bedingt durch die Popularität der neu eingerichteten Nische »Frauenliteratur«, in die ihre Werke so gar nicht passen wollten – mit dem Abgleiten in eine zunehmende literarische Bedeutungslosigkeit und damit verbunden auch mit massiven finanziellen Problemen zu kämpfen hatte. Es ist zugleich eine Abrechnung mit dem Betrieb der Literaturkritik, der Autorinnen wie Elsner, die sich einem nach wie vor als »maskulin«[7] betrachteten Genre widmen, nämlich der Satire, in ein »literarisches Ghetto« drängt. »Satiren«, so Elsner in einem Interview von 1978, »galten wie Bordellbesuche ausschließlich als Männersache.«[8]

Wie konnte es dazu kommen, daß die Tochter eines »Spitzenmanager(s) von Siemens«[9] – Elsners Vater, Dr. Richard Elsner, war u.a. Generalbevollmächtigter der Siemens AG und Werksleiter des Transformatorenwerks Nürnberg gewesen – in die DKP eintrat und ihr Leben und Schreiben nicht nur dem Kampf gegen die soziale Schicht verschrieb, aus der sie selbst stammte, sondern auch gegen fortwährende faschistische Strukturen und Rituale in der Bundesrepublik? Wie kam es zu

---

6 Gisela Elsner: »Autorinnen im literarischen Ghetto«, in: »Kürbiskern«, H. 2 (1983), S. 136–144.

7 In seiner jüngsten Studie zur literarischen Tradition der Satire spricht Charles A. Knight im Hinblick auf das Genre der Satire von einer »gender exclusivity« und davon, daß es sich bei der Satire um »more-or-less a masculine genre« handelt. Vgl. ders.: *The Literature of Satire*, Cambridge, New York 2004, S. 6.

8 Gisela Elsner: »Vereinfacher haben es nicht leicht«, in: »Kürbiskern«, H. 1 (1978), S. 123–126, hier S. 123.

9 Donna L. Hoffmeister: »Gisela Elsner«, in: dies.: *Vertrauter Alltag, gemischte Gefühle. Gespräche mit Schriftstellern über Arbeit und Literatur*, Bonn 1989, S. 103–119, hier S. 104.

dieser Entfremdung der eigenen sozialen Gemeinschaft gegenüber? Elsner beschreibt das folgendermaßen:

1963 bin ich aus der Bundesrepublik geflohen und dachte, ich könnte die Bundesrepublik für immer vergessen. Ich war etwas mehr als sieben Jahre im Ausland und habe immer nur Zeitungen aus der BRD gelesen. Ich habe mich aus diesem Land, in dem geboren zu sein ich als einen Fluch empfinde, nicht entfernen können und bin 1970 wieder in die Bundesrepublik zurückgekehrt, weil ich da wieder Hoffnung hatte, denn erstens gab es damals die Studentenbewegung und zweitens eine legale Kommunistische Partei: die DKP. Das waren die beiden Momente, die mich zu einer Rückkehr veranlaßten. Als ich wieder zurückkam, ich hatte damals zuletzt in London gelebt, habe ich gemerkt, daß der Faschismus in diesem Land nie bewältigt worden ist. Das Problem der Bewältigung des Faschismus hat sich mir immer wieder gestellt (...). Das hat sich mir immer wieder im Verhalten gewisser Leute, Beamter, Polizisten gezeigt. Ich habe mich hier immer bedroht gefühlt und fühle mich auch heute noch bedroht, zumal als Kommunistin.[10]

Ihren großen Auftritt in der literarischen Öffentlichkeit hatte Elsner mit ihrem ersten »Beitrag« (so der Untertitel) *Die Riesenzwerge* (1964). Obwohl im nachhinein zu Elsners »Meisterwerk« stilisiert,[11] sah sich der Erstling der damals 27jährigen Autorin, der mit einem der angesehensten europäischen Verlegerpreise ausgezeichnet wurde – dem »Prix Formentor« –, zunächst einer harschen Kritik ausgesetzt. Einige Kritiker sprachen von einer »Preis-Senkung«,[12] andere forderten sogar die Abschaffung des Preises. So war der Skandal perfekt, in dessen Zentrum eine junge Autorin stand, die zu allem Überfluß nicht ganz unansehnlich war. »Now, isn't she a sexy thing«, soll ein englischer Autor und Kabarettist einem deutschen Kollegen bei der Preisverleihung im Salzburger Schloß Mirabell ins Ohr geraunt haben. Da war von der »schöne(n) Autorin Gisela Elsner«[13] die Rede, von einem »hübsche(n) junge(n) Ding«, das »von einem Gruppen-Mitglied (gemeint ist hier Klaus Roehler; C.K.) als Ehefrau« in die Gruppe 47 eingeführt worden sei.

Der im nachhinein, quasi in der Rückschau attestierte Erfolg der *Riesenzwerge* diente fatalerweise gleichzeitig dazu, die folgenden Werke abzuwerten,[14] indem man die Autorin – im-

---

10 Gisela Elsner: »Schreiben heute: Bandwürmer im Leib des Literaturbetriebs«, in: »Unsere Zeit«-Magazin vom Oktober 1989, S. XVI.
11 Vgl. Christine Künzel: »Gisela Elsner – *Die Riesenzwerge* (1964)«, in: Claudia Benthien/Inge Stephan (Hg.): *Meisterwerke – Deutschsprachige Autorinnen im 20. Jahrhundert*, Köln, Weimar, Wien 2005, S. 93–109.
12 So Jost Nolte in seiner Glosse »Preis-Senkung«, in: »Die Welt«, 4.5.1964.
13 O. A.: »Sieg der Zwerge«, in: »Der Spiegel«, Nr. 20, 13.5.1964, S. 123.
14 Vgl. Evelyne Polt-Heinzl: »›Ich war die erste Frau, die eine Satire (...) schrieb‹: Gisela Elsner (1937–1992)«, in: dies.: *Zeitlos – Neun Porträts. Von der ersten Krimiautorin Österreichs bis zur ersten Satirikerin Deutschlands*, Wien 2005, S. 183–204, hier S. 183.

mer mit dem Rückbezug zu ihrem Erstling – lediglich als »Epigonin ihrer selbst«[15] darstellte, der es nie gelingen sollte, an den Erfolg des Erstlings anzuknüpfen. »Die rückwirkende Festschreibung des ersten Buches als bestes, dessen Qualität die Autorin später nie mehr erreicht habe, zieht sich durch alle Rezensionen bis zur letzten Veröffentlichung und den Nachrufen. Im Hinblick auf die in Wirklichkeit äußerst ambivalente Rezeption der *Riesenzwerge* ist diese Festschreibung nur erklärbar als Verschiebung, mit der die Tatsache der großen Aufmerksamkeit für die ungewöhnliche Radikalität der Autorin rückblickend als positive Wertung und damit als literarische Qualität erinnert wurde.«[16]

Insgesamt spiegelt die Literaturkritik die Anwendung jener geschlechtsspezifischen Doppelstandards wider, die Christine Flitner in ihrer Studie zur Beurteilung der Werke von Gisela Elsner und Elfriede Jelinek im bundesdeutschen Feuilleton nachweisen konnte. Flitner zeigt eine Reihe wiederkehrender Muster im Umgang mit der Literatur von Autorinnen auf: Für die Gegenwartsliteratur sind das neben generellen Mechanismen der Ausgrenzung »die personalisierende Interpretation der Werke und die Trivialisierung von Werk und Autorin«.[17] Über derartige Mechanismen der Abwertung von Werken weiblicher Autoren hatte sich Elsner 1983 bereits in ihrem Essay »Autorinnen im literarischen Ghetto«[18] beklagt.

Wie problematisch sich der Zusammenhang zwischen Weiblichkeit und literarischer Meisterschaft auch 1971 noch für manchen männlichen Kritiker darstellte, offenbart sich in einer Anmerkung von Werner Ross in einer Doppelrezension von Elsners Roman *Das Berührungsverbot* und Gabriele Wohmanns Roman *Ernste Absicht*, in dem es unter der Überschrift »Die kaltschnäuzigen Mädchen« über Wohmanns Werk heißt: »Im übrigen handelt es sich um ein Meisterwerk, und es fällt mir, indem ich's schreibe, auf, wie ungewohnt dieses Wort bei der Produktion einer Frau klingt. Auch Meister sind natürlich Männer, und man muß sich Mühe geben, *nicht* zu schreiben, daß dieses Buch mit männlicher Durchhaltekraft und Konzentration verfaßt sei.«[19]

So auch Hermann Kinder in seinem Nachwort »Gisela Elsner – der entsorgte Stachel«, in: *Die Riesenzwerge*, Hamburg 1995, S. 290–301.
15 Günter Blöcker: »Kummer mit dem Nachwuchs«, in: »Süddeutsche Zeitung«, 19.10.1968.
16 Christine Flitner: *Frauen in der Literaturkritik: Gisela Elsner und Elfriede Jelinek im Feuilleton der Bundesrepublik Deutschland* (= Frauen in der Literaturgeschichte, Bd. 3), Pfaffenweiler 1995, S. 61 f.
17 Ebd., S. 35.
18 Elsner: »Autorinnen im literarischen Ghetto«, a.a.O.
19 Werner Ross: »Die kaltschnäuzigen Mädchen«, in: »Merkur«, 25. Jg., H. 274 (1971), S. 199, Hervorhebung im Original.

Zum literarischen Stellenwert von Elsners *Riesenzwergen* äußerte sich Erasmus Schöfer in der »Rheinischen Post« dagegen kritisch: »Ein Werk ist gewiß nicht schlecht, nur weil es literarisch nicht einzuordnen ist. Aber es stellt auch kein Meisterwerk, sondern allenfalls eine Talentprobe dar. Als Talentprobe allerdings ist dieses Buch sehr herausfordernd und macht erwartungsvoll auf weitere, vielleicht gemauserte ›Beiträge‹.«[20]

In derartigen Zuschreibungen offenbart sich die tatsächliche Funktion der journalistischen und der akademischen Literaturkritik, nämlich die, literarischen Werken einen Platz im Literaturkanon – sprich: »in the ever changing hierarchy of literary ›masterpieces‹«[21] – zuzuordnen.[22]

Mit ihrem zweiten Roman *Der Nachwuchs* (1968) versuchte Elsner an den Erfolg der *Riesenzwerge* anzuknüpfen, was ihr jedoch nicht gelang. Der Text, der – zumindest im ersten Teil – an Renate Rasps Roman *Ein ungeratener Sohn* (1967) erinnert, stand zu sehr im Schatten des preisgekrönten Erstlings und der darin vorherrschenden Schreibweise, die sich noch stark am Werk Kafkas und am Stil des »nouveau roman« orientierte (vgl. dazu den Beitrag von Carsten Mindt in diesem Band).

Von dieser Schreibweise distanzierte sich Elsner dann allerdings explizit in einem Interview von 1971, indem sie sich von der »Parabel-Form bei Kafka« verabschiedete, und zwar mit dem Argument, daß diese Schreibweise »zu viel Spielraum für Interpretationen« lasse. Fortan begibt sich die Autorin auf die Suche nach einem »Extrakt des Authentischen«: »Ich will zeigen, in welchem Zustand sich die Gesellschaft, in der ich lebe, augenblicklich befindet.«[23] Mit ihrem dritten Roman *Das Berührungsverbot* (1970) läutet Elsner denn auch eine neue Phase in ihrem Werk ein. Diesem neuen Programm, dem einer bitterbösschwarzen Gesellschaftssatire, bleibt Elsner im wesentlichen treu (bis auf ihren letzten zu Lebzeiten erschienenen Roman *Fliegeralarm*, der noch einmal an die grotesken Überzeichnungen der ersten Texte anknüpft).

Das *Berührungsverbot* sorgte für einen Skandal,[24] da Sexualität hier – wie bereits in einigen Episoden der *Riesenzwerge* – als sinn- und gefühlentleertes Ritual, als ein äußerst nüchterner bzw. ernüchternder Vorgang beschrieben und die sogenannten

---

20 Erasmus Schöfer: »Gisela Elsners Schwarzer Grimm«, in: »Rheinische Post«, 23.5.1964.
21 Hugo Verdaasdonk: »Social and economic factors in the attribution of literary quality«, in: »Poetics« 12 (1983), S. 383–395, hier S. 383.
22 Vgl. Flitner: *Frauen in der Literaturkritik*, a.a.O., S. 18.
23 Ekkehart Rudolph: Gespräch mit Gisela Elsner, in: ders. (Hg.): *Protokoll zur Person: Autoren über sich und ihr Werk,* München 1971, S. 45–57, hier S. 47–49.
24 Wegen eines Vorabdrucks eines Ausschnitts aus dem Roman wurde die Zeitschrift »Konkret« in der Schweiz konfisziert, und in Österreich erhielt der Roman das Etikett »jugendgefährdend«. Vgl. Polt-Heinzl: »Gisela Elsner«, a.a.O., S. 195.

Errungenschaften der sexuellen Revolution im spießigen Milieu von aufstrebenden Kleinbürgern sogleich ihres vermeintlichen Glamours und des Gestus einer sexuellen Befreiung entledigt wurden. So legte Elsner bereits knapp 20 Jahre vor Elfriede Jelineks Skandalroman *Lust* (1989) einen Antiporno vor, in dem die Zusammenhänge zwischen Ökonomie und Sexualität (die Ehe folgt hier der Logik der Prostitution) und die damit verbundenen Machtgefälle so nackt und nüchtern dargestellt werden wie in kaum einem anderen literarischen Werk. Das Skandalon bestand – wie auch später bei Jelinek – darin, daß sich ein weiblicher Autor anmaßte, Sexualität derart nüchtern, quasi wie in einem naturwissenschaftlichen Experiment vorzuführen.

Parallelen zwischen Elsner und Jelinek wurden schon früh gesehen, gerieten dann aber lange Zeit in Vergessenheit. In einem internen Gutachten des Rowohlt Verlags von 1969 zu Jelineks erstem Romanmanuskript »bukolit« hieß es, daß man die »Vorliebe für vegetative Monstrositäten, Kannibalen und Mitesser« bereits vom Werk Elsners her kenne und auf einen derartigen »Weiber-Masochismus«[25] getrost verzichten könne. Heute zählt Jelinek zu den prominentesten AutorInnen des Rowohlt Verlags. Es gibt tatsächlich zahlreiche Parallelen zwischen den Autorinnen: Beide kamen aus der Mittelschicht, beide besuchten zeitweise Klosterschulen, beide studierten Theaterwissenschaft in Wien, beide waren zeitweilig Mitglied der jeweiligen Kommunistischen Partei ihres Landes (Elsner der DKP, Jelinek der KPÖ), beide hatten bzw. haben ein Faible für glamouröse Selbstinszenierungen,[26] und beide verbindet eine Vorliebe für satirische Schreibweisen, für einen schwarzen Humor und eine Lust am Entwurf blasphemischer Szenarien.

Schade nur, daß diese Gemeinsamkeiten von der Jelinek-Forschung bis heute nicht thematisiert werden. Schließlich hatten sich die beiden Autorinnen auch persönlich kennen- und schätzen gelernt – und zwar im Oktober 1987 anläßlich des Projekts »Drei Tage ›Taz‹ aus Dichterhand«, für das die »Taz« 28 Schriftsteller eingeladen hatte, um drei Tage lang die Zeitung zu gestalten.[27] Erst nach ihrem Tod, Mitte der 90er Jahre, wurde Gisela Elsner »an der Seite der neun Jahre jüngeren und ungleich etablierteren Elfriede Jelinek als eine Autorin der

---

25 Verlagsgutachten vom 1.4.1969, Rowohlt-Archiv. Zitiert nach Flitner: *Frauen in der Literaturkritik*, a.a.O., S. 43 f.
26 Zu Elsner vgl. meinen Beitrag »Eine ›schreibende Kleopatra‹: Autorschaft und Maskerade bei Gisela Elsner«, a.a.O.; zu Jelinek vgl. Alexandra Tacke: »›Sie nicht als Sie‹. Die Nobelpreisträgerin Elfriede Jelinek spricht Im Abseits«, in: Christine Künzel/Jörg Schönert (Hg.): *Autorinszenierungen. Autorschaft und literarisches Werk im Kontext der Medien*, Würzburg 2007, S. 191–207.
27 Vgl. eine entsprechende Dokumentation mit dem Titel »Dichtung & Wahrheit: ›Die Tageszeitung‹ nach Literaten-Art« (»Taz«-Archiv).

Nachkriegsliteratur«[28] wahrgenommen. Mit ihrem Beitrag zu Gisela Elsner in diesem Band bekräftigt Elfriede Jelinek noch einmal eine Verbundenheit, die beide Autorinnen bereits 1989 unabhängig voneinander in Interviews festgestellt hatten.[29]

Auch der junge Autor Ronald M. Schernikau hatte Parallelen zwischen Elsner und Jelinek erkannt. In seinem 1989 im Hamburger Konkret Literatur Verlag erschienenen Roman *die letzten tage in l.* huldigt er seinen beiden Lieblingsautorinnen: »vielleicht gibt es die wahrheit doch. ich glaube ja nicht an wahrheit, aber was wahrheit ist, merke ich immer, wenn ich böll lese. (...) aber böll ist nicht die wahrheit. die wahrheit, das sind elsner und jelinek.«[30]

Zumindest bei Elsner beruhte die Wertschätzung auf Gegenseitigkeit, hatte sie Schernikau doch 1987 offiziell zu ihrem Nachlaßverwalter erkoren. Die Ironie des Schicksals wollte es, daß der Nachlaßverwalter vor der Autorin starb.[31] So ist der Bezug, den der Titel des vorliegenden Bandes suggeriert, keineswegs weit hergeholt: Den »letzten Kommunisten«[32] Schernikau und die »letzte Kommunistin« Elsner verband eine langjährige literarische und politische Freundschaft – davon zeugt nicht zuletzt ein umfangreicher Briefwechsel von 1980 bis zum Tod Schernikaus im Jahr 1991. Umso beschämender ist die Tatsache, daß die enge Verbindung zwischen beiden Autoren in der Schernikau-Biographie von Matthias Frings kleingeredet wird.[33]

Mit Schernikau, der 1986 auf eigenen Wunsch zum Literaturstudium nach Leipzig gegangen war und 1989, kurz vor der Wende, noch in die DDR eingebürgert wurde,[34] verband Elsner insbesondere auch die kritische Sicht auf die deutsch-deutsche Wiedervereinigung und den Untergang der DDR. Elsner, die 1977 in die DKP eingetreten war (eine Partei, an der sie sich stets kritisch gerieben hat) und 1989 ihren Austritt beantragt hatte, gab noch im selben Jahr ihren Wiedereintritt in die Partei bekannt, als alle anderen das sinkende Schiff DKP nach dem Mauerfall verließen. Sowohl ihre Mitgliedschaft in der DKP als auch ihre zum Teil mehr als verklärte bzw. verklä-

---

28 Polt-Heinzl: »Gisela Elsner«, a.a.O., S. 193.
29 Vgl. die Interviews mit Gisela Elsner und Elfriede Jelinek in: Hoffmeister: *Vertrauter Alltag, gemischte Gefühle*, a.a.O., Elsner: S. 103–119, Jelinek: S. 121–133.
30 Ronald M. Schernikau: *die letzten tage in l. darüber, daß die ddr und die brd sich niemals verständigen können, geschweige denn mittels ihrer literatur*, Hamburg (1989) 2001, S. 36.
31 Schernikau starb 1991 an den Folgen von Aids.
32 Es handelt sich hier um eine Anspielung auf den Titel der Schernikau-Biographie, die gerade erschienen ist: Matthias Frings: *Der letzte Kommunist. Das traumhafte Leben des Ronald M. Schernikau*, Berlin 2009.
33 Vgl. ebd., S. 306–308.
34 Ronald M. Schernikau, geboren 1960 in Magdeburg, war zuerst DDR-Bürger, dann ab 1966 BRD-Bürger, später Westberliner. Am 1. September 1989 erwarb Schernikau die Staatsbürgerschaft der DDR und siedelte nach Ostberlin über. Er lebte in Hellersdorf und arbeitete als Dramaturg für Hörfunk und Fernsehen beim Henschel Verlag.

rende Sicht auf die DDR (vgl. dazu den Beitrag von Chris Hirte in diesem Band) wurden der Autorin zeitlebens vom Literaturbetrieb angelastet und haben sicherlich zu ihrer Isolation beigetragen,[35] da es sich bei Elsner nicht um ein zeitweiliges »Geplänkel« mit linken Ideen handelte wie bei vielen anderen Autorinnen und Autoren ihrer Generation, sondern um eine grundsätzliche politische Haltung und eine ernsthafte Auseinandersetzung mit kommunistischen Theorien und Modellen. Resigniert stellte Elsner in einem Interview mit dem DKP-Organ »Unsere Zeit« fest: »Durch meinen Eintritt in die DKP ist mein Leben beileibe nicht so rosig geworden, wie es mir manche Leute, die ich als antimarxistische Marxisten bezeichnen möchte, anlasten.«[36]

Doch war es nicht nur ihre politische Position, die die Autorin Gisela Elsner zunehmend ins Abseits des Literaturbetriebs drängte, sondern auch ihr literarisches Programm der Satire, mit dem sie quer zu allen Moden, insbesondere »quer zur literarischen Norm«[37] der Postmoderne, stand. Elsner selbst führte die Tatsache, daß ihr als Autorin in der Bundesrepublik weder ein Erfolg in Form einer breiten Akzeptanz im Literaturbetrieb noch in finanzieller Hinsicht beschert wurde, einerseits auf ihren gesellschaftskritischen Impetus – ihr Image als »Sirene der linken Kapitalismuskritik«[38] – zurück, andererseits aber auch auf das Genre der Satire, dem sie sich verschrieben hatte:

Es gibt solche Schriftsteller und solche. Die einen gehen davon aus, daß das Sein das Bewußtsein bestimmt, die anderen gehen davon aus, daß das Bewußtsein das Sein bestimmt. Die erste Gruppe hat ein ziemlich bitteres, hartes Leben. Sie bekommt keine Literaturpreise, sie bekommt keine Stipendien, ihre Bücher werden schlecht verkauft und schlecht rezensiert.

Die zweite Gruppe hat eine Chance, in die Bestsellerlisten aufzusteigen. Deren Bücher sind zwar unverständlich für die Mitwelt, aber gerade das Unverständliche wird ja für bedeutsam gehalten. (...) Zu d()er ersten Gruppe zähle ich mich. (...) Schriftsteller sein heißt, einen Beruf zu ergreifen, der untrennbar mit einer Verantwortung im Hinblick auf die herrschenden gesellschaftlichen Verhältnisse verbunden ist.[39]

---

35 Friedrich Hitzer vermutete, daß die Autorin auch aus »Bestrafung für ihr politisches Engagement« dem Vergessen anheimgegeben wurde. Ders.: »Hinterließ Brandmale und verglühte« (Nachruf), in: »Freitag«, 29.5.1992, S. 11.

36 So Elsner in einem Interview mit Ruth Stankiewicz: »Ich werde immer unerbittlicher« – ›UZ‹-Interview mit Gisela Elsner, in: »Unsere Zeit«, 19.9.1987, S. 7.

37 Dorothe Cremer/Frank Winter: »Schockeffekte« (zum 60. Geburtstag), in: »Neues Deutschland«, 2.5.1997, S. 11.

38 Gerhard Armanski: »»Als wäre gerade dies, der Mensch, das Allerschlimmste‹. Gisela Elsner und die Nachtgewächse der Normalität«, in: ders.: *Fränkische Literaturlese. Essays über Poeten zwischen Main und Donau*, Würzburg 1998, S. 37–53, hier S. 50.

39 Gisela Elsner: »Schreiben heute«, a.a.O., S. XVI.

In vielen ihrer Werke hat sich Elsner in gesellschaftskritischer Manier konkret mit politischen und ökonomischen Fragen auseinandergesetzt.[40] Dabei hatten es ihr zunächst insbesondere die Unternehmer angetan: So diente etwa der Porzellanfabrikant Philipp Rosenthal als Vorbild für den Dessous-Fabrikanten Mechtel in dem Roman *Der Punktsieg* (1977), und dem Hamburger Fabrikanten Kurt Körber widmete sie die Erzählung »Blumenauer«.[41] Dabei hat die Autorin einen gewissen Vorteil, da sie das Milieu kennt. Manager, Fabrikanten und Unternehmer gehörten zum Freundes- und Bekanntenkreis ihrer Eltern. Auf die Frage, wie es bei ihr, die doch »aus wohlsituiertem Hause« stamme, zu einer solchen »Ablehnung der bürgerlichen Gesellschaft«[42] kommen konnte, antwortete Elsner:

Die Beweggründe meiner Fahnenflucht von der Bourgeoisie, die sich mit mir ein Kuckucksei in ihr Nest gelegt hat, zu den Kommunisten lieferten mir meine vivisektorischen Observationen der Bourgeoisie, ihrer Lakaien und Handlanger. Obwohl man tunlichst darauf achtete, daß ich mit Proletariern nicht in Berührung kam, trieb mich ein fast fanatisches, zunächst völlig unpolitisches Gerechtigkeitsgefühl auf die Seite der Arbeiter. Sehr rasch entwickelte sich aus diesem Gerechtigkeitsgefühl ein Haß auf die Großbourgeoisie, der nicht blind war. Ich hatte Augen und konnte sehen, was da verpraßt und zum Fenster hinaus geworfen wurde. Auch hatte die Bourgeoisie in dem ihr eigenen Nihilismus keine Argumente, die mich überzeugen konnten. (...) Der Haß ist die Kehrseite der Liebe. Man sagt ihm nach, er entspränge dem Neid und der Mißgunst. Aber eben das ist nicht wahr. Als ich zum Hasser aufwuchs, lebte ich ja wie die Made im Speck. Ich hatte keinen Grund für Neid und Mißgunst. Aber als der Nährboden eines geradezu ehernen Hasses ist, glaube ich, das Milieu, in dem ich groß wurde, ideal.[43]

In einer Zeit, da die Literatur von einer »neuen Subjektivität« und die Sparte der »neuen Frauenliteratur« ebenfalls durch subjektive Erfahrungsberichte aus weiblicher Perspektive geprägt wurde, ging das Verständnis für und auch das Bedürfnis nach Satire, d.h. nach einer politisch engagierten Schreibweise, verloren. Und das in einem Land, in dem die Satire stets um ihren Rang innerhalb der literarischen Gattungen fürchten mußte. Georg Lukàcs führte die grundsätzliche Abneigung gegen die Satire in der deutschen Literaturtheorie unter anderem darauf

---

40 Vgl. dazu meinen Aufsatz »Leben und Sterben in der ›Wirtschaftswunder-Plunderwelt‹: Wirtschafts- und Kapitalismuskritik bei Gisela Elsner«, in: Dirk Hempel/Christine Künzel (Hg.): *»Denn wovon lebt der Mensch?«: Literatur und Wirtschaft,* Frankfurt a.M. u.a. 2009, S. 169–192.
41 Erschienen in Gisela Elsner: *Die Zerreißprobe. Erzählungen,* Reinbek bei Hamburg 1980, S. 217–234. Vgl. dazu Gisela Elsner im Gespräch mit Hoffmeister, a.a.O., S. 104.
42 »Aus gutbürgerlichen Verhältnissen – auf und davon: Karl-Heinz Jakobs im Gespräch mit Gisela Elsner«, in: »Neues Deutschland«, 22./23.6.1991, S. 14.
43 Stankiewicz: Interview mit Gisela Elsner, a.a.O., S. 7.

zurück, daß sie aus einem Mangel an »Versöhnung«[44] stets als unvollkommene Kunstgattung galt. Für Lukàcs ist es dann auch kein Zufall, daß »gerade das Problem der Satire die Schranken der bürgerlichen Aesthetik so schroff hervortreten läßt, viel schroffer, als dies bei den meisten anderen Literaturfragen der Fall«[45] sei. Es ist eben dieses Moment des Unversöhnlichen, das auch Elsner und der Wahrnehmung ihrer Werke in der bundesdeutschen Literaturkritik und Literaturwissenschaft zum Verhängnis wurde. Von der Literaturkritik als »große Hasserin«[46] betitelt, fristete Elsner ihr literarisches Dasein in einer Nische – oder wie sie es selbst nannte: in einem »literarischen Ghetto«. Eben jene Vorbehalte, die Georg Lukàcs in seinem Essay zur Satire beschreibt, wurden auch – und werden zuweilen immer noch – gegen die Autorin Elsner ins Feld geführt: mangelndes Mitleid mit den Figuren, Mangel an Versöhnlichkeit, Unerbittlichkeit – sowie das Festhalten an einer angeblich obsoleten literarischen Form, nämlich der Satire.

Auch die Frauenliteraturforschung, die (zunächst) ganz im Zeichen feministischer Theorien und der Suche nach einer »weiblichen Ästhetik« stand, interessierte sich vorwiegend für eine Literatur von weiblichen Autoren, die einem bestimmten Bild von Weiblichkeit und weiblichem Schreiben entsprach. Da ist es nicht verwunderlich, daß eine Autorin wie Elsner, die sich nicht nur kritisch zu feministischen Theorien geäußert, sondern sich auch vehement gegen eine Vereinnahmung durch das neugeschaffene Genre »Frauenliteratur« gewehrt hat,[47] durch das Raster eines neu eingerichteten (Gegen-)Kanons der Literatur weiblicher Autoren gefallen ist.

Nahezu beispiellos im Literaturbetrieb ist auch die Tatsache, daß eine »Versöhnung« mit der Autorin nicht einmal nach ihrem tragischen (Frei-)Tod stattfand.[48] »Ein solches Ende hat die Poetin Ingeborg Bachmann endgültig zum Engel gemacht, die Prosaikerin Gisela Elsner endgültig ins Vergessen gestoßen.«[49]

Und so hat das Werk der radikalsten – und womöglich bedeutendsten – Satirikerin[50] der bundesdeutschen Gegenwartsliteratur in der Literaturwissenschaft bis heute kaum Beachtung

---

44 Georg Lukàcs: »Zur Frage der Satire«, in: »Internationale Literatur«, Nr. 4–5 (Dezember 1932), S. 136–153, hier S. 137.
45 Ebd., S. 139.
46 So der Titel einer Rezension zu dem Film »Die Unberührbare«, in: »Der Spiegel«, Nr. 16, 17.4.2000, S. 238 f.
47 Bereits im April 1969 stellte Elsner in einem Brief an den Rowohlt Verlag klar, daß sie »sehr empfindlich« sei, »wenn man (sie) mit Frauenliteratur in Verbindung brächte«.
48 Vgl. dazu den Beitrag von Elfriede Jelinek in diesem Band und auch Tjark Kunstreich: »Unversöhnter Abgang« (zu *Die Zähmung*), in: »Konkret« 5/2002, S. 53.
49 Kinder: »Gisela Elsner – der entsorgte Stachel«, a.a.O., S. 293.
50 Evelyne Polt-Heinzl bezeichnet Elsner sogar als »erste Satirikerin Deutschlands«. Vgl. dies.: *Zeitlos. Neun Porträts*, a.a.O.

gefunden. Bereits in den 80er Jahren wurde es um die einst für ihren Erstling gefeierte Autorin immer stiller. Hinzu kam, daß Umstrukturierungen in Elsners Hausverlag Rowohlt Mitte des Jahrzehnts zu heftigen Auseinandersetzungen und schließlich zum Bruch führten. Die Trennung von Rowohlt im Jahr 1986 nach einer mehr als 20jährigen Zusammenarbeit stürzte Elsner in eine schwere existentielle Krise. »An den Rand des Ruins, der sich wohl irgendwo in Teufels Küche befinden muß, bin ich dank der Totalverramschung meiner Bücher, der Arbeit von fast dreißig Jahren, diesem Elsnerräumungsschlußverkauf geraten, der im Februar 1991 vom Rowohlt Verlag veranstaltet wurde, da man die ›Lagergebühren‹ für meinen feuchten ›Kehr()icht‹ geschäftlich für ›untragbar‹ erklärte.«[51]

Die beiden letzten zu Lebzeiten Elsners publizierten Werke – der Essayband *Gefahrensphären* (1987) und der Roman *Fliegeralarm* (1989) – erschienen in äußerst lieblos und nachlässig lektorierten Ausgaben im Wiener Zsolnay Verlag.

Auch wurden Elsners Romane zuletzt kaum mehr seriös besprochen, und die Kritik zeigte schließlich keine Hemmungen mehr, die Werke mit Verve zu verreißen: »Die Kritik hatte Gisela Elsners Bücher satt (...).«[52] So wurde Elsners letzter Roman *Fliegeralarm*, der gerade in einer Neuauflage im Berliner Verbrecher Verlag erschienen ist,[53] von Heinz Ludwig Arnold in der »Zeit« etwa als »peinlich miserable() und zynische() Prosa«[54] bezeichnet. Vor diesem Hintergrund muß Sigrid Löfflers Behauptung, »(m)ehr Feindschaft als Elfriede Jelinek (habe) wohl kein Schriftsteller der westlichen Welt in den letzten Jahrzehnten auf sich gezogen«,[55] wohl relativiert werden. Der Selbstmord Gisela Elsners im Mai 1992 wurde von manchem Kritiker und Schriftstellerkollegen zum Anlaß genommen, noch einmal kräftig »nachzutreten«.[56] So etwas passiert – und insofern liegt Sigrid Löffler mit dem Beispiel Jelinek prinzipiell richtig – wohl nur einem weiblichen Autor: »die elsner wurde vom gesamten lite-

---

51 Gisela Elsner in einem Brief an Karl-Heinz Jakobs vom 7.4.1992, in: »Neues Deutschland« vom 5.6.1992, S. 8.
52 Hubert Spiegel: »Königin Lear auf der Heide« (zu »Die Unberührbare«), in: »Frankfurter Allgemeine Zeitung«, 20.4.2000, S. 43.
53 Gisela Elsner: *Fliegeralarm*, herausgegeben und am Manuskript letzter Hand überprüft von Christine Künzel und mit einem Nachwort von Kai Köhler, Berlin 2009.
54 Heinz Ludwig Arnold: »Nichts als Ruinen« (zu *Fliegeralarm*), in: »Die Zeit«, 25.8.1989, S. 47.
55 Sigrid Löffler: »Die Masken der Elfriede Jelinek«, in: Elfriede Jelinek. (= »Text + Kritik«, Bd. 117, XI/07), hg. von Heinz Ludwig Arnold, München 2007, S. 3–14, hier S. 10.
56 So Tjark Kunstreich: »Eine Kommunistin wird versöhnt« (zu »Die Unberührbare«), in: »Jungle World« 19/1999; http://www.nadir.org/nadir/periodika/jungle_world/_2000/19/27a.htm (Stand: 18.5.2007). Gerd Deumlich konstatierte in der Parteizeitschrift der DKP, die »bourgeoise Kritik (habe) sie (Gisela Elsner) oft nahezu geschlachtet«. Ders.: »Gisela Elsner zum 50. Geburtstag«, in: »Unsere Zeit«, 2.5.1987, S. 7. Die mit Abstand reißerischste und pietätsloseste Abrechnung mit der Autorin erschien in der Zeitschrift »Tempo« (11/1992).

raturbetrieb, dem feuilleton, der kritik zunehmend offen angefeindet. (...) auch so etwas passiert nur frauen.«[57]

Ende der 80er Jahre konnte sich kaum noch jemand daran erinnern, daß Elsner einst als Starautorin des Rowohlt Verlags gefeiert wurde, vor der selbst der damalige Verlagsleiter Ledig-Rowohlt auf die Knie gefallen war.[58] Hinzu kamen die politischen Veränderungen: Als im Oktober 1989 die Mauer fiel, brach für Gisela Elsner eine Welt zusammen. »(I)ch stehe wegen der politischen Ereignisse in der DDR unter einem Schock«, schrieb sie am 14. November 1989 an Werner Preuß und seine Frau. Und weiter: »Ich bin an einem Punkt angelangt, der jenseits von Haß und Verzweiflung liegt. Es erfüllt mich eine gigantische innere Kälte.« Aufgrund der zunehmenden Verschlechterung ihrer finanziellen Lage, die die Autorin auf einen »Boykott«[59] ihrer Person und ihres Werkes zurückführte, beschloß Elsner im April 1990, sich eine Wohnung in Ostberlin zu besorgen: »Ich muß aus München weg. Ich muß aus finanziellen Gründen nach Ostberlin ziehen«,[60] schreibt sie Ende April 1990 an Werner Preuß. Im Juni 1990 zieht Gisela Elsner dann tatsächlich nach Ostberlin um. Es sollte eine kurze »Übersiedlung« sein, wie sich später herausstellte. Der erste Teil des Films »Die Unberührbare« konzentriert sich auf eben diese drei Tage, die es Elsner in der ehemaligen DDR aushalten sollte. Bereits nach drei Tagen gibt Elsner auf, sie ist am Boden zerstört. An Werner Preuß schreibt sie Ende Juli 1990: »(...) die Sache ist die, daß ich seit der Öffnung der Mauer unter dem Einfluß eines schweren Schocks stehe. Ich könnte sagen, daß ich jenseits der Verzweiflung angelangt bin. Die Vereinigung Deutschlands halte ich für das Entsetzlichste, was ich mir derzeit vorstellen kann. (...) Ich habe mein ganzes Leben lang vergeblich gekämpft. Ich wünschte, ich wäre vor der Öffnung der Mauer gestorben.«[61]

Der Film »Die Unberührbare« fängt die Trostlosigkeit kongenial ein, indem er die Protagonistin Hanna Flanders alias Gisela Elsner in einer heruntergekommenen Plattenbausiedlung am Rande Ostberlins herumirren läßt. So unterstreicht die Filmtechnik das Moment der Fremdheit: »Hanna Flanders ist eine Fremde in einem ihr feindlichen Land.«[62]

---

57 Vgl. Mathias Meyers: »über gisela elsner«, in: »Unsere Zeit«, 9.6.2000, S. 9.
58 Vgl. ein entsprechendes Foto aus dem Rowohlt-Archiv, in: Hermann Gieselbusch/Dirk Moldenhauer/Uwe Naumann/Michael Töteberg: *100 Jahre Rowohlt. Eine illustrierte Chronik*, Reinbek bei Hamburg 2008, S. 236.
59 Brief an Werner Preuß vom 19.4.1990. Ich danke Werner Preuß sehr herzlich dafür, daß er mir seine umfangreiche Korrespondenz mit der Autorin zur Verfügung gestellt hat.
60 Brief an Werner Preuß vom 26.4.1990.
61 Brief an Werner Preuß vom 31.7.1990.
62 Günter Blamberger: »Zeichen der Freiheit. Notizen zu Oskar Roehlers Film ›Die Unberührbare«, in: Oskar Roehler: *Die Unberührbare. Das Original-Drehbuch, mit einem Vorwort von Hannelore Elsner und Beiträgen von Oskar Roehler und Günter Blam-*

Resigniert und desillusioniert kehrte Elsner nach dieser kurzen Begegnung mit den Resten eines real existierenden Sozialismus wieder nach München zurück, wo sie ihre Eindrücke in einem bisher noch unveröffentlichten Text zusammenfaßte, der den Charakter einer Abrechnung mit Deutschland und den Deutschen trägt.[63]

Bis zu ihrem Freitod hat sie noch an einem Roman mit dem Titel »Die teuflische Komödie« geschrieben, der leider unvollendet geblieben ist. Über die Motive des Freitods der Autorin ist viel spekuliert worden: Es hieß, sie sei an der Einsamkeit zugrunde gegangen – aber einsam war sie eigentlich immer schon gewesen in ihrer Unbestechlichkeit, mit der sie sich literarisch und politisch zwischen alle Stühle setzte; es hieß auch, sie habe den Mauerfall und den damit eingeleiteten Untergang des sozialistischen Regimes in der DDR nicht verkraftet. Auch der jahrzehntelange Konsum von Zigaretten, Alkohol, Schlaf- und Aufputschmitteln hatte inzwischen seine Spuren hinterlassen. Gisela Elsner war kurz vor ihrem Tod in eine Klinik eingeliefert worden, wo sie eine Entziehungskur (Nikotin, Tabletten etc.) durchführen sollte. Man hatte bei ihr den Beginn eines Raucherbeins diagnostiziert und sie mit den Konsequenzen – einer Beinamputation – konfrontiert, falls sie sich das Rauchen nicht abgewöhnen würde. All diese Aspekte mögen zu ihrem Entschluß beigetragen haben, sich am 13. Mai 1992 aus einem Fenster der Klinik zu stürzen.

Zu einer Wiederentdeckung der Autorin Gisela Elsner und ihres Werkes ist es auch im Anschluß an den Film »Die Unberührbare« (2000), der eine – wenn auch problematische – Hommage des Regisseurs Oskar Roehler an seine Mutter Gisela Elsner sein sollte, (leider) nicht gekommen. Der Film hat eher dafür gesorgt, daß der Schauspielerin Hannelore Elsner, die ironischerweise den Nachnamen mit der heute Unbekannten teilt, ein großartiges Comeback gelang und sie seither mit der kaum beachteten schreibenden Namensschwester verwechselt bzw. identifiziert wird. Die »Schriftstellerin« Gisela Elsner blieb dabei auf der Strecke; das monierten einige – wenn auch wenige – Kritiker: »Ganz leise stimmt das heimische Feuilleton darin überein, die Kunstfigur Hanna Flanders zu bejubeln und das literarische Vermögen Gisela Elsners in Zweifel zu ziehen.«[64]

---

berger sowie Rezensionen und Materialien, Köln 2002, S. 155–164, hier S. 157.

63 Gisela Elsner: »Verfluchung der Deutschen (weil die Deutschen nicht der Rede wert sind)«. Es handelt sich hier um das Manuskript Nr. 63 aus dem Nachlaß Elsners, der in der Monacensia, Literaturarchiv und Bibliothek, in München liegt.

64 Franzen: »Das Relikt«, a.a.O. Ähnlich kritisch äußerten sich angesichts der allgemeinen Euphorie, die dem Film entgegengebracht wurde, nur Jürgen Bräunlein: »Klischees: Warum ›Die Unberührbare‹ in Wirklichkeit ein Männerfilm ist«. In: »Rheinischer Merkur«, 21.7.2000, S. 22, und Tjark Kunstreich: »Eine Kommunistin wird versöhnt«, a.a.O.

Übrig blieb ein Bild der Autorin, das bereits in den Rezensionen zu den letzten Romanen vorherrschte und in den Nachrufen von 1992 zementiert wurde: das Bild der »überdrehte(n) Salon-Kommunistin und abgehalfterte(n) Erfolgsschriftstellerin«, einer »luxus- und drogensüchtige(n), sentimentale(n) DDR-Liebhaberin«.[65]

Obwohl Elsner ein beachtliches Werk hinterlassen hat – in knapp 30 Jahren veröffentlichte sie neun[66] Romane, zwei Bände mit Erzählungen, einen Band mit gesammelten Aufsätzen, drei Hörspiele und ein Opernlibretto –, dürfte außer den 1995 und 2001 neu aufgelegten *Riesenzwergen* heute kaum ein anderes Werk mehr bekannt sein. Im Buchhandel sind inzwischen immerhin wieder sechs Romane als Neuauflagen zu haben – darunter auch die deutschsprachige Erstveröffentlichung von *Heilig Blut* und die Erstveröffentlichung eines Romans aus dem Nachlaß: *Otto der Großaktionär*.[67] Die Rezensionen zu den bisher erschienenen Bänden der Elsner-Werkausgabe im Berliner Verbrecher Verlag geben Anlaß zu der Hoffnung, daß die Aktualität der Werke erkannt und entsprechend gewürdigt wird. Immerhin wird Elsner inzwischen von einer jüngeren Kritikergeneration als »ältere Schwester« Elfriede Jelineks wiederentdeckt und gefeiert.

Bis heute liegen allerdings kaum umfassendere (literaturwissenschaftliche) Arbeiten zu Gisela Elsner und ihrem Werk vor.[68] Vor diesem Hintergrund ist der vorliegende Band als ein erster Versuch zu betrachten, einzelne Werke Gisela Elsners vor dem Hintergrund aktueller literatur- und kulturwissenschaftlicher Debatten neu zu verorten und politische Motive in Elsners Leben und Schaffen diffenzierter zu untersuchen. Es gilt, insbesondere Elsners Rolle als Wegbereiterin einer weiblichen Tradition der Satire und Groteske im deutschsprachigen Raum zu betonen, die von so prominenten Autorinnen wie Elfriede Jelinek, die einen sehr persönlichen Beitrag für diesen Band beigesteuert hat, erfolgreich fortgeführt wird.

---

65 Felix Klopotek: »Die Unerbittliche« (zu *Die Zähmung*), in: »Stadtrevue« 8/2002, S. 84.
66 Eingerechnet ist hier der Roman *Heilig Blut*, der zu Elsners Lebzeiten 1987 lediglich in russischer Sprache erschienen war. Die deutschsprachige Erstveröffentlichung erfolgte erst 20 Jahre später. Vgl. Christine Künzel: »Editorische Notiz«, in: *Heilig Blut*, hg. und mit einem Nachwort von Christine Künzel, Berlin 2007, S. 233–237.
67 *Die Riesenzwerge* sind 1995 im Rotbuch Verlag (Hamburg) und 2001 im Aufbau Verlag (Berlin) erschienen. Im Berliner Verbrecher Verlag erscheint eine Werkausgabe, die seit 2006 von mir als Herausgeberin betreut wird. Bereits erschienen sind *Die Zähmung* (2002), *Das Berührungsverbot* (2006), *Heilig Blut* (2007), *Otto der Großaktionär* (2008) und *Fliegeralarm* (2009).
68 Ausnahmen bilden hier die Studien von Flitner: *Frauen in der Literaturkritik* (wie Anm. 16); Dorothe Cremer: *»Ihre Gebärden sind riesig, ihre Äußerungen winzig«: Zu Gisela Elsners* Die Riesenzwerge. *Schreibweise und soziale Realität der Adenauerzeit*, Herbolzheim 2003; Evelyne Polt-Heinzl, a.a.O., und Carsten Mindt: »Verfremdung des Vertrauten. Zur literarischen Ethnografie der Bundesdeutschen im Werk Gisela Elsners«, Dissertation, Universität Hamburg 2008 (noch nicht veröffentlicht).

Elfriede Jelinek

Ist die Schwarze Köchin da? Ja, ja, ja!

Zu Gisela Elsner

Ich konnte Gisela Elsner nicht helfen, obwohl sie mich einmal ausdrücklich darum gebeten hat. Ich habe aber versagt. Sie hat mich als Freundin betrachtet, obwohl ich auch dafür ungeeignet war. Aber auch ihr viel näherstehende Personen konnten offenkundig dieses Leben nicht bewahren.

Gisela Elsner steht mir als Schriftstellerin sehr nahe, und sie geht mir sehr nahe; in der Verzweiflung über die Verachtung des weiblichen Werks finde ich mich wieder, ein Werk, dem viele männliche Kritiker immer noch (falls sie es überhaupt wahrnehmen) gegenüberstehen wie den Zuckungen eines ihnen fremden Insekts, die sie vielleicht gerne als Ekstase der Lust interpretieren möchten, die in Wirklichkeit aber Todeszuckungen sind, ein endlos verlängerter Todeskampf, aber einmal muß eben Schluß sein, einmal reißt der Kaugummi, ermattet durchs viele Durchkauen (trotz all dem Kunstaroma), den Gisela Elsner sich vom Mund zieht, den sie spielerisch überdehnt, aber irgendwann ist sie mit ihrem Ziehen offenbar zu weit gegangen, und etwas reißt eben, das sie sich vom Mund nicht abgespart, sondern eher aus ihm herausgezerrt hat, etwas wirft ein paarmal Blasen und reißt schließlich ganz, weil eine Toleranz überdehnt, weil ein Bogen überspannt wurde, weil das Werk der Frau eben nicht dazu dienen darf (sie darf nur selbst dienen, das ist doch wohl nicht zuviel verlangt!), etwas exemplarisch zu schildern, so, wie es ist, also einen neuen Raum in der Wirklichkeit einrichten und dann mit Schreckensfiguren bevölkern (und nicht nur das Zimmer für sich allein oder eine hübsche Wohnung, in die man gern sich Gäste einlädt), sondern halt immer nur: bedienen darf. Sie darf die Wirklichkeit bedienen, aber sie darf sie nicht beschreiben, so, wie sie ist. Dem, was schon da ist, dienen, nur das ist erlaubt. Und darf sie einmal zu etwas dienen, dann nicht, um Kunstwerke herzustellen, für die man »mit einer verletzenden Generosität« von manchen Kritikern bedacht wird, wie Gisela Elsner, schon ziemlich verzweifelt, über diese Herablassung spricht, mit der dem weiblichen Werk etwas wie eine Sonderstellung, mit irgendwie geschrumpften, puppenmöbelartigen Kriterien, »eingeräumt« wird (schon wieder dieses Einräumen! Diesmal aber im Sinne einer Beschränkung), obwohl doch schließlich sie, die Frau, dazu da ist, Fächer und

Regale immer wieder zu säubern und aufs neue eben: einzuräumen, und unter all diesem Einräumen bleibt ihr kein Raum mehr, wo sie sich selber hintun könnte und wo ihre Aussagen auch noch mit hineingingen. Die Wände würden ja platzen. Wir, Gisela Elsner und ich, waren uns auch sehr ähnlich in unseren Maskierungen, eher Stilisierungen durch Schminke und Kleidung, die für mich vielleicht eher eine Bitte um die Gnade sind, darunter übersehen zu werden, für Gisela Elsner (so hatte ich den Eindruck) eher ein trotziges Aufbegehren gegen das Nicht-Gesehenwerden. Es kommt aufs gleiche heraus, am Ende steht der Tod (bei mir noch nicht, aber das Leben ist bei mir sicher kein Aufbegehren mehr). Dort steht er ja immer, am Ende, der hat eine Engelsgeduld. Gisela Elsners Selbstmord hat weder die mythische Unsterblichkeit (wie paradox!) einer Sylvia Plath noch die der Ingeborg Bachmann je erreicht. Die Reaktion auf Gisela Elsners Tod, der ihrem Werk ja schon zu Lebzeiten beschieden war, indem es auf eine Art fallengelassen wurde, die eigentlich ziemlich beispiellos ist, auch vom eigenen Verlag, eine Reaktion, die ich bis heute nicht verstehe, denn die von dieser Autorin beschriebenen Blätter fallen nicht wie von weit, sondern wie Messer oder Beile, und sie treffen meist punktgenau. Vielleicht ist es nicht angenehm, sich darunter aufzuhalten. Besser, man verdrückt sich, bevor noch was passiert, obwohl ja andauernd etwas passiert. Diese Texte springen einen an, als wollten sie einen herausfordern, sich nicht zu ducken, sondern sich diesem Kampf zu stellen, der aber immer ein lächerlicher ist (genau darum geht es!), und nicht einfach nur im Tod, angesichts dessen, frei nach Thomas Bernhard, alles lächerlich ist, sondern sogar schon im hölzernen, nein, bleiernen Tod des Todes zu Lebzeiten – und nichts anderes ist die Lächerlichkeit, sie ist eine Auslöschung – mündet, eine Lächerlichkeit, die einen immer wieder ausmerzt, obwohl man um seine eigene Lächerlichkeit doch längst Bescheid weiß. Und die Lächerlichkeit der Frau selbst ist ein Rätsel, gleichzeitig aber auch dessen Auflösung: Die Frau wird lächerlich, das ist absolut logisch, weil sie, schon indem sie sich selbst ermächtigt zu schreiben, nie etwas andres als lächerlich sein kann, wie jede Überschreitung zur Lächerlichkeit wird, wenn sie für das Subjekt einsteht und sich schließlich selbst als Subjekt setzt, das sich da aus dem Staub erhebt und etwas wie einen Schatten werfen will, der dem Sprechen folgen soll, jedoch ohne es zu verdecken, sondern um es hervorzuheben, bis der Gegenstand sozusagen doppelt vorhanden ist und nun nicht mehr übersehen werden kann. Der Gegenstand wird nicht schattenhafter, sondern deutlicher. Wenn dieses lächerliche Subjekt, das gar keins sein darf, etwas aussprechen will und es womöglich dann auch noch mit dem Marker der Komik unterstreicht (also davor kann man sich nun wirklich nicht fürchten, ist ja nur Farbe!), es hervorstreicht, bevor es darunter noch selber stehen und sich behaupten kann (und irgendwann zur leeren Behauptung wird), sei es der proletarische Wurm, der sich aus der Kraftlosigkeit zum politischen Kampf erhebt (Gisela Elsner war eine bekennende Linke, was an sich heute schon das Lächerlichste überhaupt zu sein scheint), sei es die Anmaßung der Satire, die ihre kritische Distanz zu den dargestellten Personen immer wieder betont, obwohl schon diese Distanz selbst eine Anmaßung ist, da die Person, die Leben hervorbringt, nicht dazu ausersehen ist, sich irgend etwas anzumaßen, das größer wäre als ein Kleid oder ein neuer Mantel, dann ist dieses Subjekt verfallen, entwertet, ausgestrichen anstatt unterstrichen. Die Aufzucht und Pflege von Leben ist die schönste Aufgabe, deshalb hat man sie ja einer Frau anvertraut, und natürlich ist nicht vorgesehen, wenn man sich schon die lebende Vorsorgeversicherung Frau ins Haus holt, daß die dann auf das Leben von oben hinunterschaut, von oben herab (die Frau, diese Natürlichkeit selbst, soll sozusagen ins fremde Leben hineinkriechen und ihren Schatten, ihre Aura, brav mitnehmen, nur keine Unordnung!, sie soll dieses Leben betreuen und bemuttern, was ja die schönste Aufgabe überhaupt ist, wie einem derzeit freundlicherweise öfter ausgerichtet wird, sie soll aber keinesfalls aus irgendeiner Höhe, die höher wäre als eine Trittleiter, darauf herabsehen), wenn also das Augenmerk der Sprechenden auf ihren Gegenstand fällt, dann wirft der Gegenstand scheinbar seinen Schatten weg, um weniger deutlich sichtbar zu sein, sondern eher: scheinbar zu werden, glimmend, wie von einer ersterbenden Batterie mit letztem Strahlen bedacht. Anders gesagt: Jeder Gegenstand, auf den die Frau ihren Blick wirft, wird quasi entleert (obwohl man ihn noch sieht, wenn auch nur schwach), verliert die Fähigkeit zur Transzendenz, wird heimatlos (die Frau soll Heimat ja bieten, nicht den Boden unter den Füßen wegziehen). Nein, ein Blick von oben herab, wie in eine Petrischale, wo etwas lebt, das man nicht selber erzeugt hat, das geht nicht, die Frau ist fast immer kleiner, sie müßte sich zu sehr strecken, um in die Verhältnisse hineinzuschauen, die außerhalb ihrer Reichweite sind, außer sie hat ein Staubtuch in der Hand und eben die besagte Leiter.

Man hat Gisela Elsner öfter vorgeworfen, daß man sich mit ihren Helden nie identifizieren könne, dabei lehnte sie genau diese Identifikation doch ausdrücklich ab. »Man soll ihn nur kennenlernen und von ihm Abstand nehmen«, sagt sie von einem ihrer Protagonisten. Es ist genau dieser Abstand in der Schilderung, dieser »unbarmherzige Blick«, wie er oft genannt wurde, der dieser Autorin angekreidet wird, wenn die Kreide mal wieder zu laut auf der Tafel quietscht, weil dieser Blick es nicht schafft, herzig zu sein, auch wenn man die dazugehörigen Augen dunkel, wie es sich gehört, mit Stift umrandet, auch wenn das Haar noch so schneewittchenschwarz ist und der Mund noch so bleich gemalt, der Gesamteindruck wird davon höchstens dämonisch und unheimlich. Das entspricht zwar alles der Mode (oder auch nicht, später dann doch, dann wieder nicht, das ist das Wesen der Mode, des Neuen, der Essenz der Gegenwart und Flucht vor dem Tod, der Vergänglichkeit schlechthin, die aber gleichzeitig eine Unvergängliche ist, ein Gespenst, das immer wieder auftaucht, der Benjaminsche Tigersprung ins Vergangene, stattfindend in der Arena der herrschenden Klasse, ja, einen Tigersprung könnte man das mitleidlose Verfolgen und Reißen von Gisela Elsners Helden vielleicht ebenfalls nennen, die manchmal buchstäblich, wie Wild, einer Jagdgesellschaft erliegen (*Heilig Blut*) müssen. Aber die Frau ist eben kein Tiger, sie soll lieber eine Schmusekatze sein oder vielleicht noch der heroische schwarze Panther, den der Mann, nach längerem Geschlechterkampf, zur Strecke bringt, was allein seine Leistung ist: die Unterwerfung). Schiller sagt in seinen »Gedanken über den Gebrauch des Gemeinen und Niedrigen«, daß wir in der Farce (ja, ich würde sagen, Gisela Elsners Erzählungen sind Farcen) den Dichter von aller Treue der Schilderung dispensieren. Er erhalte gleichsam das Privileg, uns zu belügen. Denn in der Farce gründe sich das Komische gerade auf seinen Kontrast mit der Wahrheit; »es kann aber unmöglich zugleich wahr sein und mit der Wahrheit kontrastieren«. Das Recht des Komischen als ein Recht auf Distanz, auf Kontrast: Für die Frau, die in ihrer Überschreitung als Dichterin zur Distanz als solche wird, nein, zum Fremden, zur Differenz, gibt es keine Distanz mehr, oder alles wird zur Distanz, zum »Berührungsverbot«, das gar nicht ausgesprochen zu werden braucht – und es ist diese unüberbrückbare Distanz, die das männliche Sprechen entleert, enteignet, nur indem sie spricht, die Frau, denn die männliche Sprachmacht wird, indem sie eine Differenz zum weiblichen Sprechen aufbaut und sich selbst dabei erhöht, hohl, leer, wie jede selbstangemaßte, auf Ausgrenzung beruhende Macht, welche in erster Linie (auch in der zartesten, privatesten Lyrik, in der das männliche Ich immer noch, und das Leise bleibt leise nicht und laut nicht das Laute, spricht, während das weibliche nur noch schweigt, indem es spricht, so paradox das klingen mag) die Macht der öffentlichen Mitteilung ist, die sich selbst vor sich selber und selbstherrlich herträgt wie den Penis, eine Mitteilung, deren Kuvert nie zugeklebt ist, es sollen ja möglichst alle davon erfahren, sie ist eine Aussage, die per se, was auch gesagt wird, eben immer öffentlich und nur für den

Mann vorgesehen ist, jedes Wort ein Anschlag am schwarzen Brett, das zuvor freigemacht wurde, ohne daß jemand dadurch freier geworden wäre, und auch die Todesarten und Todesraten der Bachmann sind heruntergerissen worden, die verzweifelt schreienden Gedichte der Sylvia Plath, die trotzig-ironischen Behauptungen einer Nicht-Normalität, die Gisela Elsner aufstellt und die ihr sofort wieder durchgestrichen oder mit einem stinkenden Schwamm ausgelöscht werden, da es doch gerade diese Extraportion Normalität ist, die von Frauen verlangt wird, nichts als das Normale (aber genau das tut ja diese Autorin!, sie schreibt das Normale, allerdings in seiner Monstrosität. Aber das hat eben wieder nicht sie zu bestimmen, was monströs ist und was nicht, und deswegen bringen wir sie lieber zum Schweigen, bevor sie noch etwas sagt, das wir alle nachher noch bereuen könnten); und das Schreiben an sich ist für eine Frau nicht normal, so normal es inzwischen geworden sein mag, daß sie auch schreibt und geschätzt wird und sogar Preise und Anerkennung gewinnt, ich meine, daß auch sie schreibt, es ist immer ein »auch Schreiben«, während die Macht der stets öffentlichen männlichen Mitteilung, die eben per definitionem schon (und die Definitionsmacht haben die Männer) nicht anders sein kann als öffentlich, während die Macht also stets am Grundsatz der unbedingten Wahrheit festhalten muß, auch wenn sie das gar nicht ausdrücklich für sich postuliert (das hat sie auch gar nicht nötig). Und das Wesen dieser Macht ist, daß sie jedesmal in bezug auf die Mitteilung eines Helden, eine Mitteilung an sich selbst, neu erstarkt, als hätte der Held den Boden, die Mutter Erde, auch noch selbst bereitet, den er auf seinen Heldenfahrten und in seinen Heldenkämpfen berührt, um immer wieder neue Kraft zu gewinnen, der Mann, ein ewiger Antäos, der von einem stärkeren Helden (es gibt immer einen noch stärkeren!) in die Höhe gehoben wird, damit er die Erde, seine Mutter, nicht mehr berühren kann und seine Kraft dadurch wieder und endgültig verliert; der Mann macht sich also schließlich selbst zum Helden der Tragödie, er ermächtigt sich, indem er die eine Tatsache zum Geschildertwerden auswählt und die andre locker, aus eigener Entscheidung, verwirft, fallen läßt, und das Wesen seiner Macht ist, daß sie immer und unbedingt auch richtig ist, schon während sie bloß zur Schau gestellt wird und ihre teilnehmenden Beobachter oder beobachtenden Teilnehmer, die den Weg beifallklatschend säumen, in die Illusion einwiegt (darfs ein bißchen mehr sein?), sie, die Zuschauerinnen und Zuschauer, hätten dadurch selber an der Macht ihren Anteil. Da kommen sie schon herbeigerannt, diese Zuschauer, da wird etwas verteilt, jeder bekommt etwas! Die Macht hat sie, die Zuschauer, angezogen, und sie hat immer recht, und, was noch wesentlicher ist: was sie sagt, ist immer richtig und angebracht, es ist wie auf dieser Tafel, dem Schwarzen Brett, angebracht, auf dem aber zuvor Platz geschaffen werden muß, auch wenn es unangebracht ist zu sagen, daß über Leichen gegangen worden ist. Und wenn der Mann sich ausdrückt, dann will er das auch, er will etwas sagen, und was er sagt, ist dann auch richtig, und was die Frau will, wissen wir nicht, was weiß ein Fremder?, sagt man in Österreich. So, da ist dann also diese Anschlagstafel, ist dieses Schwarze Brett da, aber nicht für die Schwarze Köchin, sondern für die Verlautbarung, für all das, was öffentlich gemacht werden soll, ein Brett an der Wand und vorm Kopf, von dem all diese weiblichen Todesanzeigen nur schnell noch vorher abgerissen werden mußten und all die anderen weiblichen Mitteilungen und Anfragen (nach gebrauchten Kinderwagen, Couchgarnituren oder Babysittern) auch gleich mit. Denn die Macht braucht immer mehr Raum, das ist ihr Wesen, sie gibt sich mit dem, den sie hat, nie zufrieden. Die Macht behauptet sich, indem sie behauptet wird, und dafür bekommt sie jede Menge Platz, soviel sie halt braucht, und was sie braucht, das bekommt sie auch. Alles andere muß dann weg. Dieses dunkle, niemals leuchtende, Beispiel gibt mir Gisela Elsner, auch eine der Schwarzen Köchinnen, die man nicht in die Küche läßt, sie könnten sich verbrennen, wahrscheinlich vertragen sie die Hitze auch gar nicht, da verbrennen wir sie lieber vorher, damit sie sich nachher nicht selbst beschädigen oder wehtun kann. Es ist zu ihrem eigenen Besten, wenn die Frau vor sich selbst bewahrt wird. Darauf gibt es keine Antwort und keinen Einspruch dagegen, denn gegen die männliche Selbstbehauptung kann man nichts anderes behaupten, jedenfalls nichts Gegenteiliges, da das weibliche Sprechen an sich keine der Macht entsprechende Antwort ist. Ich kenne aber auch keine andre Antwort. Und keine andre Macht.

Werner Preuß

Von den *Riesenzwergen* direkt ins *Abseits*?

Gisela Elsner und ihre Kritiker

Fast 30 Jahre literarischen Schaffens liegen zur Beurteilung vor: neun Romane, drei Bände mit Erzählungen und Aufsätzen, Hörspiele, Reportagen und – was kaum bekannt ist – ein Opernlibretto. Genug also, um sich ein Bild zu machen von der Leistung einer Schriftstellerin, die vor allem mit ihrer Prosa an Traditionslinien von Gesellschaftskritik anknüpft, die weltliterarischen Anspruch erheben dürfen, was aber niemand so recht zur Kenntnis nehmen will. Inwieweit Gisela Elsner diesem Anspruch allenthalben gerecht wird, ist eine andere Frage. Tatsache ist, daß sie von Anfang an, seit ihrem Debüt, die Gemüter ebenso erhitzt wie herausgefordert hat, herausgefordert, sich mit ihren Büchern auseinanderzusetzen. Diese Auseinandersetzung fand hauptsächlich im Feuilleton statt. Aber außer zahlreichen kontroversen Zeitungskritiken, die sich unter anderem mehr mit dem Outfit, den Selbstinszenierungen und anderen Nebensächlichkeiten als mit der Sache selbst beschäftigen – Verdächtigungen und Beleidigungen eingeschlossen –, gibt es kaum ernstzunehmende Aussagen zum Werk und seiner Zuordnung zur Gegenwartsliteratur. Der Film »Die Unberührbare« von Oskar Roehler über seine Mutter hat zwar die Persönlichkeit Gisela Elsners sehr überzeugend und auch bewegend ins Bild gesetzt, aber über die literarische Leistung vermochte er nichts mitzuteilen.

Der Eintritt Gisela Elsners in die Literatur mit *Die Riesenzwerge* vollzog sich in drei Stufen: Lesung im kleinen Kreis, Vorabdruck in Auszügen und schließlich das Ganze in Buchform (1962–1964). Dieses Debüt war eine Sensation und wurde als solche kolportiert. An der Beurteilung dieses Debüts beteiligten sich fast alle, die Rang und Namen hatten und die öffentliche Meinung in Sachen Literatur wesentlich bestimmten. Stellt man dies in Rechnung, lohnt sich der Blick zurück. Man wird feststellen, daß sich zwei Richtungen der Kritik herausbildeten: Die eine (grob vereinfacht) war vom Grundton her um eine Auseinandersetzung mit dem Text bemüht, konstatierte eine schriftstellerische Begabung und versuchte, *Die Riesenzwerge* in die zeitgenössische Szene einzuordnen. Diese Richtung gab den Ton an, wurde aber überdeckt durch eine andere, deren Vertreter unmißverständlich kundtaten, daß ihnen grundsätzlich gegen den Strich ging, was Elsner anbot. Beide Richtungen, die nahezu unverändert über die Jahrzehnte existierten, waren sich einig in dem Bemühen, die konkrete Gesellschaftskritik der Autorin zu neutralisieren und als bedauerlich falschen Schreibansatz zu interpretieren. Das wirft eine grundsätzliche Frage auf: Warum soviel Aufmerksamkeit für ein Talent mit bedauerlich falschem Schreibansatz? Da ist von einem »antibürgerlichen Affekt« die Rede, mehr noch: von einem »absoluten Anti-Affekt«[1], was gleichgesetzt wird mit anti-gesellschaftlich, weil die bundesdeutsche Gesellschaft ganz selbstverständlich als Gesellschaft schlechthin empfunden wird. Da ist weiterhin die Rede vom genauen Gegenteil: Die Schriftstellerin sei nicht in der Lage, ihre Figuren gesellschaftlich zu determinieren. »Die Kritik der Elsner wendet sich gegen ein Produkt der Gesellschaft, nicht gegen die Produktionsverhältnisse, also die Gesellschaft selber.«[2] Was immer das auch bedeuten mag – die Verwendung der Termini gäbe Rätsel auf, wenn die Absicht des Verfassers nicht im weiteren erklärt würde: »(...) bei Gisela Elsner werden sie, die Figuren, diese miesen Typen, zu Monstern, zum literarisch-makabren Spaß. Ansätze, sie als bedauernswerte Hervorbringungen gesellschaftlicher Bedingungen darzustellen, gehen unter im fragwürdigen Vergnügen, das die Unterlegenen der Autorin ganz offenkundig bereiten: sie sind für Gisela Elsner und ihren erzählerischen Manierismus allzu willkommenes und willfähriges Material.«[3]

Die Schriftstellerin ist intellektuelle Aussteigerin, die sich im »Anti-Affekt« lustig macht über die, die nicht aussteigen aufgrund ihrer Dummheit oder nicht auszusteigen vermögen, weil sie darin keine Alternative erblicken. Und es wurde außerdem auch anders gesehen: »Die gesamte Blickweise dieser Erzählerin ist darauf abgestellt, Symptome der Unmenschlichkeit, Tarnformen sozialer Vergewaltigung zu entdecken. Das steigert sich bis zur fixen Idee.«[4] Oder noch ein Beispiel: Der »auf entlarvende Wühlarbeit eingestellte Blickwinkel« führt durchweg zu verengter Optik, »übergeordnete umfassende Gesichtspunkte« fehlen. »Durch die verengte Perspektive des Erzählers einerseits, durch den artistischen Satzbau andererseits, d.h. durch die rhythmisch gleichtönenden Reihen von parallelgeschalteten oder kunstvoll verschachtelten Haupt- und Nebensätzen, wird den Personen etwas Mechanisches angelastet, etwas stur Fixiertes, im Ablauf von vornherein Vorbestimmtes: Der Spieß-

---

1 Walter Widmer: »Die Züchtung von Riesenzwergen«, in: »Die Zeit«, 29.5.1964.
2 Peter W. Jansen: »Szenen aus dem bürgerlichen Alltag«, in: »Frankfurter Rundschau«, 22.5.1970.
3 Ebd.
4 Günter Blöcker: »Ausgeliefert an eine Übermacht«, in: »Frankfurter Allgemeine Zeitung«, 4.4.1964.

bürger, auswechselbar, ohne Individualität, kommt aus einer kleinlich zurechtgezimmerten Welt nicht heraus. Selbstbewußt, wenn auch unzufrieden, dreht er im Kreis.«[5]

Diese Zitate beziehen sich vornehmlich auf *Die Riesenzwerge* und die sich anschließenden Werke: *Der Nachwuchs*, *Das Berührungsverbot* und *Der Punktsieg*. Sie charakterisieren aber nur *eine* Grundhaltung gegenüber den künstlerischen Publikationen Gisela Elsners. Eine andere Position, vor allem bezogen auf die dann folgenden Romane und Erzählungen, artikulierte sich so: »(...) für Gisela Elsner ist es nicht leicht, sich mit ihren neueren Büchern zu behaupten. Seit 1964 steht sie im Banne einer mächtigen Rivalin, die alle Kritiker zu Vergleichen nötigt und die ihr stets vorgezogen wird. Die Rivalin ist jene Gisela Elsner, welche mit ihrem Erstling *Riesenzwerge* zu spektakulärem Ruhm kam.«[6] Diese Behauptung impliziert eine Aufforderung: einen Blick zu werfen auf das außergewöhnliche Debüt der 27jährigen, auf das Debüt und die Folgen. Ein solcher Blick zurück lohnt sich nicht zuletzt deshalb, weil es auch hierzu eine entgegengesetzte Meinung gibt: Kritiker, die sich nicht zum literarischen Auftakt der Elsner äußerten, sei es, daß sie dies aus Altersgründen noch gar nicht tun konnten oder weil sie die *Riesenzwerge* für unwichtig hielten – wie auch immer, Kritiker also, die sich erst später, beim Erscheinen des Bandes *Die Zerreißprobe*, zu Wort melden, stellten im nachhinein fest, daß sich Gisela Elsner von der Groteske, entstanden durch Ekel vor der Gesellschaft und ausgedrückt im Erstlingswerk, zur Gesellschaftssatire in *Das Berührungsverbot*, in *Der Punktsieg* und den Erzählungen entwickelt habe. Sie habe begriffen – so die Argumente –, »daß man aus Ekel vor der Gesellschaft die Wirklichkeit aus dem Blick verlieren kann«.[7] Deshalb habe sie den Versuch unternommen, sich nach ihrem Auftakt mit den folgenden Werken der Wirklichkeit anzunähern, was allerdings mit beträchtlichen Einbußen an »kalter Wut« und »aggressiver Schärfe« bezahlt worden sei.

Dieser Auffassung zu folgen hieße, *Die Riesenzwerge* sei keine Gesellschaftssatire, zumindest nicht in dem Range der folgenden Bücher, sondern lediglich ein Beitrag aus der Feder einer zornigen jungen Dame, die aufgrund ihrer Erfahrungen und Beobachtungen »Ekel vor der Gesellschaft« empfunden und die Realität »aus dem Blick« verloren habe. Aber offenbar doch nicht ganz, denn dann hätten folgende Sätze nicht geschrieben werden dürfen: »*Die Riesenzwerge* waren Kinder des

---

[5] Peter Lauterburg: »Die hinterhältige Welt der Spießbürger«, in: »Tages-Anzeiger Zürich«, 4.12.1970.
[6] Rudolf Bussmann: »Schrei ohne Echo«, in: »Baseler Zeitung«, 7.8.1982.
[7] Hanjo Kesting: »Von der kalten zur heilsamen Wut«, in: »Die Zeit«, 26.9.1980.

Wirtschaftswunders«, sie wirkten »vor allem als Provokation«.[8] Warum und wieso, wird unter anderem mit der Vorliebe der damaligen Zeit »für das Absurde und Geschichtslose, in der das herrschende Bewegungsgesetz der Stillstand war« und »Veränderungsabsichten literarisch als suspekt galten«[9], zu erklären versucht, was wiederum nur Erscheinungsformen eines konkreten gesellschaftlichen Zustandes, weniger jedoch sein Wesen berührt und spiegelt.

Auf das Erfassen und die Darstellung des Wesentlichen aber schien es Gisela Elsner abgesehen zu haben, wenn man sich die *Riesenzwerge* ansieht; und bedenkt man die Reaktion jener Kritiker, die dem Debüt Elsners nicht mit Argumenten entgegentraten, sondern die Diffamierung der Autorin für die einzig passende Antwort hielten, wird man nur noch in der Ansicht bestärkt, daß hier eine Schriftstellerin ohne lange Vorankündigung begann, eine heilige Kuh unter den heiligen Kühen zu schlachten; sie machte sich in aller Öffentlichkeit daran, die Träger der freiheitlich-demokratischen Grundordnung auf ihre moralisch-geistige Legitimation hin zu prüfen. Und die *Riesenzwerge* waren nur der Auftakt, denn Gisela Elsner gehört zu den seltenen Fällen, in denen der Erstling als programmatisch gelten kann. Jedenfalls sprechen die Bücher nach den *Riesenzwergen* dafür, und die Autorin läßt keinen Zweifel daran, daß sie bewußt anknüpft an einmal Gedachtes und Erarbeitetes und daß sie ihre erprobten Sprachmuster immer wieder variiert und weiterentwickelt im Sinne ihrer Absichten, von denen noch zu reden sein wird. Kontinuität also ist das Stichwort, die *Riesenzwerge* sind ein Grundmodell Elsnerscher Erzähltechnik, von der Autorin selbst als »ein Beitrag« bezeichnet, mit insgesamt zehn Episoden, geklammert durch den Ich-Erzähler Lothar Leinlein, einen Knaben im Vorschulalter. Über die Debütlesung berichtete ein Beobachter: »Also passen Sie auf: sie schildert, wie die Kinder, sieben an der Zahl, ihre Eltern zwingen, das achte zu zeugen, zu welchem Zweck sie von den lieben Kleinen mit Stricken aneinandergebunden werden, aber nicht ganz fest, Sie verstehen schon, mit eben so viel Spielraum, daß die erforderliche Bewegung, bitte, das erzählt sie alles ganz genau, auch wie die Kinder dem Vater hinten die Hand drauflegen. Und es machte ihr offenbar gar nichts, den Leuten das vorzulesen, ganz kühl, unterkühlt, so sagt man ja wohl.«[10]

Durch diese Reportage war der Ton angegeben, mit dem einflußreiche Schreiber in ihren Blättern die Anfängerin fort-

---

8 Ebd.
9 Ebd.
10 Hellmut Jaesrich: »Der große Haufen oder die ganz klitzekleinen Super-Riesen«, in: »Der Monat«, 1964, H. 189, S. 74–77.

an bedenken sollten; kein Wort darüber, daß man es mit Satire zu tun hatte, kein Wort über die Zusammenhänge, kein Wort darüber, was signalisiert wurde. Im Gegenteil: Man mußte nach manchen Presseveröffentlichungen den Eindruck gewinnen, im vorliegenden Fall handele es sich um den Versuch einer Pornodilettantin, zumal man selbst in einem seriösen Nachrichtenmagazin lesen konnte: »Was die Debütantin mit dem Kleopatra-Look, selber Mutter eines Sohnes, damals im Oktober 1962 zum besten gab, war manchem zünftigen 47er des Guten zuviel.«[11]

Die Episode, die Gisela Elsner damals der Öffentlichkeit preisgegeben hatte, steht in einem Kontext, der unzweideutig aussagt, worauf es der Autorin ankam: »Zu Hause kämpften die Kinder gegeneinander. Sie teilten sich in zwei Gruppen: drei, darunter ein Mädchen, waren es, die gegen vier, darunter das zweite Mädchen, kämpften. Natürlich fiel der Kampf immer zugunsten der größeren Gruppe aus. (...) ›Wir brauchen‹, sagten sie, ›einen Bruder mehr oder einen Bruder weniger. Rascher kämen wir zu gerechtem Kampf, würden wir einen Bruder umbringen. In Frage käme der Jüngste, denn er ist der Schwächste und Untauglichste.‹«[12]

Der Jüngste schreit, und da kommen die Kinder auf den Gedanken, den achten Kampfgefährten herbeizuschaffen. Den Schwächsten und Untauglichsten umzubringen, wäre die gängige Methode. Gisela Elsner aber hält dagegen: Wie wäre es mit der Alternative? Will das kein Kritiker bemerkt haben, was hier ganz schlicht und selbstverständlich gesagt wird? Es gibt eine Alternative zu dem, was herrschende Politik verkündet! Es gibt andere Denkansätze! Und mit der Darstellung höchst alltäglicher, banaler Lebens- und Daseinsformen von angepaßten Bürgern sagte Gisela Elsner fortan nicht mehr, aber auch nicht weniger, als daß sie in der landesweit praktizierten Vergangenheitsbewältigung lediglich Restauration zu erblicken vermochte. Sie stellte hartnäckig – literarisch verschlüsselt – eine Frage, die zu dieser Zeit als höchst unpassend empfunden wurde: Wie und wodurch war Auschwitz möglich? Wie können Millionen etwas mitgemacht und unterstützt haben, ohne zu wissen, was sie da taten? Wer setzt solche Mechanismen in Gang, die den Einzelnen kollektiv etwas tun lassen, was er als Einzelner nie täte oder sich nicht getraute zu tun?

Weil die *Riesenzwerge* nicht gut in die Landschaft paßten – allein schon der Titel war, wie gesagt, eine Provokation –, durfte das Ganze nicht viel wert sein. Also wurde zunächst einmal nicht über das Buch, sondern über die Person gesprochen, die

---

11 O.A.: »Vom Fleisch und Blut«, in: »Der Spiegel«, Nr. 18, 29.4.1964.
12 Gisela Elsner: *Die Riesenzwerge*, Reinbek 1964, S. 261, in der Episode »Der Achte«.

so etwas verfaßt hatte. Natürlich eignete sich die Story von der Lesung in der Wannsee-Villa vorzüglich als Aufhänger, allerlei Vermutungen über die Verfasserin unter die Leute zu bringen. Es wurde aufgelistet, wo und bei wem die Elsner abgeschrieben habe: bei Grass, bei Peter Weiss, Hasenclever habe Pate gestanden, ebenso Frans Masereel, Helmut Heißenbüttel, und, und ...[13] Sogar halbe Sätze habe sie entlehnt, auf die sie als Frau gar nicht habe kommen können, und auch eine eigene Frisur sei ihr nicht eingefallen: Sie habe die Greco und Kleopatra kopieren müssen.[14] Einige ließen sich sogar zu der Bemerkung hinreißen, die Auszeichnung der *Riesenzwerge* mit dem Prix Formentor sei, die literarische Qualität des Werkes betreffend, ein eklatanter Mißgriff, aber verständlich, wenn man die Erscheinung der Autorin in Betracht ziehe.[15]

Symptom für gesellschaftliche Befindlichkeit ist Literatur immer, ob sie nun gut ist oder schlecht, ob sie die Wahrheit sagt oder sie zudeckt. Entscheidend für ihre Qualität ist letztendlich, ob ihr Rezipient in dem, was sie spiegelt, nur Äußeres erblickt, nur sieht, was er sehen will oder immer schon gesehen hat, zum Beispiel die kleinen Schönheitsfehler einer Sache oder eines Zustandes, die er sich gern eingesteht, oder aber, ob sie in der Lage ist, Einsichten in wesentliche Zusammenhänge zu vermitteln, dahinterzublicken, verborgene Mechanismen in ihren Wirkungen zu zeigen und zu bewirken, daß eigene Befindlichkeiten in bezug gesetzt werden zu gesellschaftlichen Vorgängen. Es ist dabei zweitrangig, ob sie Probleme nur andeutet oder offen benennt.

Eine der Schlüsselszenen in den *Riesenzwergen*, auf die Gisela Elsner in ihren nachfolgenden Werken Bezug nimmt, am deutlichsten wohl in *Das Berührungsverbot*, weil in ihr wesentliche Zusammenhänge vermittelt werden, die jene »verborgenen Mechanismen in ihren Wirkungen zeigen«, steht gleich am Anfang des »Beitrags«: Der noch nicht schulpflichtige Ich-Erzähler Lothar Leinlein denkt an den Tag, an dem sein leiblicher Vater, ein gewöhnlicher Lehrer, auf ungewöhnliche Weise zu Tode kam, weil er einen Oberlehrer, der später Lothars Stiefvater werden wird, nicht gegrüßt hatte.

Der Knabe Lothar war mit seinen Eltern in ein Lokal gegangen, um dort das Mittagessen einzunehmen. Zu Hause war das Essen angebrannt. Im Lokal warteten viele Gäste auf Bedienung.

---

13 Vgl. Jaesrich, a.a.O.; Widmer, a.a.O.; Urs Jenny: »Manie, Manier, Monotonie«, in: »Die Weltwoche«, 15.5.1964, und Marcel (Reich-Ranicki): »Diesmal über weibliche Reize«, in: »Die Zeit«, 26.6.1964.

14 Marcel (Reich-Ranicki), a.a.O.

15 Ebd.; vgl. auch Jaesrich, a.a.O.; Wend Kässens/Michael Töteberg: »Gisela Elsner«, in: *Kritisches Lexikon der deutschsprachigen Gegenwartsliteratur*, hg. von Heinz Ludwig Arnold, 42. Nlg., München 1992, S. 2.

Aber es wurde nicht serviert. Alle hatten Hunger. Da verdächtigte der Oberlehrer Lothars Vater, insgeheim allein alle Speisen aufgegessen zu haben. Mit einem Mal stürzten sich alle Gäste auf den Lehrer, sie hielten ihn für den Schuldigen –, zerfleischten ihn und fraßen ihn auf, während rundherum das Leben weiterging, als ob nichts geschehen wäre. Lothars Mutter war indessen ruhig zur Toilette gegangen.

Kommentar: Alle waren dabei, als etwas Gräßliches geschah, alle haben mitgemacht, aber keiner wirft sich etwas vor. Man geht zur Tagesordnung über.

Im Roman *Das Berührungsverbot* treffen sich die Ehepaare Dittchen, Hinrich, Keitel, Stößel und Stief zum Gruppensex, der sich letztendlich als einfallsloses Partnertauschspiel im verdunkelten Zimmer entpuppt, bei dem jeder von der Vorstellung geplagt wird, an die eigene Ehehälfte zu geraten. Dabei hatte alles so schön angefangen. Frau Stief, eine Bäckerstochter, eben erst von Herrn Stief geehelicht, hatte die Gemüter der anderen Ehemänner erhitzt und bestimmte unbestimmte Wünsche erweckt. Um den schönen Gedanken, diese Wünsche irgendwie zu befriedigen, nicht vollends im Banalen untergehen zu lassen, suggeriert Keitel eines Tages der Gruppe den Plan, auf ein Zeitungsinserat hin ein professionelles Pärchen für die Spiele zu gewinnen. Als dieses Pärchen in einem Lieferwagen vorfährt und die Werkzeuge für das gemütliche Beisammensein auszupacken beginnt, rutscht den biederen Bürgern das Herz in die Hosentasche; sie sind ratlos, sie schämen sich, sie schmeißen das Pärchen raus, und eine gereizte Stimmung liegt fortan über den Beteiligten. Die Anstifter, die Ehemänner, die jene unbestimmten Wünsche hatten, machen zuerst insgeheim und dann laut Frau Stief dafür verantwortlich, daß sie solche Wünsche hatten. Sie, die Bäckerstochter Stief, die Kleinbürgerin par exellence, wird von den anderen, den diplomierten Kleinbürgern, gemeinsam in Abwesenheit des Ehemanns Stief »bestraft«, indem man sie zu einer widerlichen Szene zwingt und mißbraucht. Das heißt: Kleinbürger fallen übereinander her, aggressiv, weil ihr Kompensationsvermögen an einem Punkt überschritten ist. Sie suchen sich ein Opfer für ihre Aggression. Sie erklären diese Aggression für rechtens und halten sie dann auch dafür. Moralische Rechtfertigung ist in diesem Zusammenhang die beliebteste, die Verdächtigung des Opfers die gängige Methode. Das Ganze spielt sich in Gisela Elsners Roman in der Intimsphäre ab, ist nicht zwingend gesellschaftlich motiviert, signalisiert aber unmißverständlich die latent vorhandene Gefahr, daß kleinbürgerliche Denk- und Bewußtseinsformen jederzeit massenhaft benutzbar und abrufbereit sind.

Die latent vorhandene Gefahr hat Gisela Elsner offenbar nicht allein gespürt. Es muß seinerzeit eine Stimmung geherrscht haben, die dazu herausforderte, sich diesbezüglich Gedanken zu machen. Von Albert Einstein zum Beispiel stammt die Bemerkung: »In zwei Wochen kann durch die Zeitungen die urteilslose Menge in irgendeinem Land in einen Zustand solcher Wut und Aufregung versetzt werden, daß die Männer bereit sind, als Soldaten gekleidet zu töten und sich töten zu lassen für die nichtswürdigen Ziele irgendwelcher Interessenten.«[16]

Manche Reaktion auf die *Riesenzwerge* und auch die nachfolgenden Werke mag heute als absurd oder übertrieben angesehen werden, aber es gibt eine plausible Erklärung: die gesellschaftliche Situation, auf die ein Buch trifft. So war das gemütlich-autoritäte Weltbild der CDU/CSU unter Konrad Adenauer geradezu prädestiniert, jüngste deutsche Geschichte einfach nicht zur Kenntnis zu nehmen, zu »vergessen« von Staats wegen. Hans Magnus Enzensberger, der 1960 den Konservatismus untersuchte, fand dieses Weltbild durch sieben Redensarten charakterisiert. Erstens: Es ist alles nicht so schlimm. Das bezog sich auf die Belastung durch die unbewältigte braune Vergangenheit. Zweitens: Woanders ist es auch nicht besser. Wer etwas vermißte, wurde zum Grenzwechsel ins andere Deutschland aufgefordert, das seinerzeit noch Ostzone hieß. Drittens: Es ist schon immer so gewesen. Viertens: Bessermachen gilt nicht. Fünftens: Niemand ist schuld an dem, was ist. Wir sitzen alle in einem Boot. Sechstens: Es ist auch gut so, wie es ist. Und siebtens: Mitmachen ist besser als Nörgeln. Es kann nicht ohne Wirkung auf das gesellschaftliche Bewußtsein bleiben, wenn Tag für Tag jedem suggeriert wird, daß er in der besten seiner möglichen Welten, dem Status quo, lebe, zu dessen Rechtfertigung sich überhaupt niemand den Kopf zerbrechen müsse.

Die Realität bewies es. Die Veit-Harlan-Prozesse mit ihren antisemitischen Bekundungen im Gerichtssaal und der Verteidigung weltweit geächteter Verbrechen an Juden während der NS-Zeit, später die Auschwitz-Prozesse haben die breite Öffentlichkeit der Bundesrepublik Deutschland nicht in dem Maße beunruhigt, wie das vonnöten gewesen wäre für den schlichtesten Ansatz einer Bewältigung von jüngster Vergangenheit. Das Oberlandesgericht Hamburg ließ Klaus Manns *Mephisto* verbieten, er sei »eine Schmähschrift in Romanform«, ein »verunglimpfendes Lebensbild«. Das 1971 vom Bundesverfassungsgericht bestätigte Urteil besteht bis heute.[17] Schriftsteller

---

16 Zitiert nach Lothar Schröter/Frank Schubert: »Vorwort«, in: dies. (Hg.): *Medien und Krieg – verhindern, dulden oder rechtfertigen?*, eine Publikation der Rosa-Luxemburg-Stiftung Brandenburg e.V., Schkeuditz 2006, S. 13.
17 Vgl. Ingo Arend: »Surreal – Schriftsteller vor Gericht«, in: »Freitag«, 9.2.2007.

wurden von führenden Politikern als »Pinscher« bezeichnet. Verdrängung in jeder Form war die erste Bürgertugend, wie Enzensberger treffend bemerkte. Und genau auf diese Situation trafen die *Riesenzwerge*. Genauer: Sie hatten die Analyse und Erhellung dieser Situation zum Gegenstand. Weil dies so war und vielleicht sogar auch so empfunden wurde, ertönten jene Böllerschüsse höchst untauglicher Ignoranz, die dieses Buch als ganz und gar unnütz, als »Unliteratur«, als dilettantisch abtun wollten. Nun wissen wir aber, daß solche Angriffe auf Kunstwerke – und darum handelt es sich ja – die Vermarktung fördern oder behindern können, das Kunstwerk selbst aber in keiner Weise beschädigen. Immerhin erlangten die *Riesenzwerge*, in zahlreiche Sprachen übersetzt und mit dem Prix Formentor ausgezeichnet, etwas, was einem Erstling ganz selten beschieden ist: Sie erreichten, daß auch die Kritik jener Zeit als Symptom für gesellschaftliche Befindlichkeit gewertet werden kann. An diesem Buch schieden sich die Geister. Diese merkwürdige Zweiteilung in der Einschätzung des Elsnerschen Werkes, die sich auch in der grenznahen französischen und schweizerischen Presse zeigte, ist geblieben, solange Elsner lebte, ohne daß andere Argumente auf beiden Seiten angeführt wurden. Das, was Kritiker der Autorin immer wieder ankreideten, die Wiederholung als Stilmittel über Gebühr zu strapazieren, mitunter als Einfallslosigkeit oder Gedächtnisleere gedeutet, bezogen sie in keiner Weise auf sich. Tatsache ist und bleibt, daß Gisela Elsner mit ihren Büchern eine Herausforderung erster Klasse über die Jahre hinweg darstellte, und dies vor allem, weil ihre Satire die Sonde an den Nervenstellen der Wirklichkeit ansetzte, wie das jede bedeutende Satire seit jeher getan hat.

Die von ihr erfaßte Wirklichkeit war konkret: die Welt des Kleinbürgers. Noch deutlicher: des bundesdeutschen Kleinbürgers. »Was diese satten Kleinbürger einer Wohlstandsgesellschaft auszeichnet, ist ihre Dimensionslosigkeit: Ihre Gebärden sind riesenhaft, ihre Äußerungen winzig.«[18] Fast alle Kritiker des ersten Buches – aber auch der folgenden – haben behauptet, die Elsner attackiere den Spießbürger, sie gäbe ihn der Lächerlichkeit preis, sie vernichte ihn, indem sie seine geheimsten Wünsche, seine Machtphantasien, seine Kompromisse, seine Lebenslügen offenbare. Mitnichten. Würden die Spießbürger angegriffen, stellte sich sofort die Frage: Wer ist das? Spießbürger sind immer die anderen – genauer konnte dies auch Kurt Tucholsky nicht sagen. Elsners Ausgangspunkt aber ist konkret, und deshalb ist auch ihr Zugriff packend. Sie benutzte eine Darstellungsweise, die es ihr ermöglichte, ihre Kritik schonungs-

---

18 Kässens/Töteberg, a.a.O.

los vorzutragen. Sie brauchte keine Identifikationsfiguren, sie brauchte keine Charaktere – sie bevorzugte Typisierung. Durch die Beschreibung von Situationen, Gewohnheiten, Verhaltensweisen von Menschen, Beschreibung in allen Einzelheiten, unter ständigem Wechsel des Blickwinkels, um zu zeigen, daß sich dadurch keineswegs das Wesentliche verändert, sondern nur umso plastischer wird, entwickelt sie den jeweils charakteristischen Typus, dem dann jeder nach seinen Erfahrungen und Beobachtungen persönliche Züge geben kann. Dadurch ist sie in der Lage, scheinbar Unwichtiges, Alltägliches, Banales, Intimstes, Verdrängtes sichtbar zu machen und in seiner gesellschaftlichen Determiniertheit vorzuführen.

Die Verwandtschaft mit Heinrich Manns *Untertan* liegt auf der Hand. Ein Kritiker, Jürgen Peters,[19] hat dies gemerkt, allerdings erst 16 Jahre nach Erscheinen der *Riesenzwerge*, kundgetan 1980 in der »Frankfurter Rundschau«, als der Erzählungsband *Die Zerreißprobe* herauskam: Es handelt sich um eine Verwandtschaft, die nicht in der Gleichartigkeit literarischer Strukturen oder Erzählweisen liegt, sondern vielmehr in der Art des angestrebten Ergebnisses. Heinrich Mann hatte am Beispiel seines Diederich Heßling vor Augen geführt, wozu der deutsche Kleinbürger in der Lage ist, wenn – bedingt durch seine subalterne ökonomische Situation – seine Verdrängungen, seine Vorstellungen, seine Gelüste durch Paarung mit der installierten Macht zum Tragen kommen und die geistig-seelische Verkrüppelung einer Schicht zum gesellschaftlichen Bewußtsein avanciert. Hier knüpfte Gisela Elsner an und ging zur Tagesordnung über. Sie führte mit Konsequenz vor, wie etablierte angepaßte Bürger in schöner Regelmäßigkeit dieses staatstragende gesellschaftliche Bewußtsein produzieren und sich selbst in eben derselben schönen Regelmäßigkeit reproduzieren. Die Voraussetzungen dafür waren für sie kein Gegenstand der Erörterung mehr.

So wenig installierte Macht und zeitgenössische Politik gemeinhin auf gesellschaftliche Befindlichkeiten Rücksicht nehmen, die durch Belletristik signalisiert werden, weil sie der Auffassung sind, die schönen Künste hätten wenn überhaupt eine Funktion, dann höchstens die, ihr Weltbild, ihre Wünsche und ihre Sicht auf die Realität zu illustrieren, so sehr haben sie aber auch seit eh und je um die Langzeitwirkung solcher Literatur gewußt. Die Reaktionen darauf sind seit Jahrhunderten wenig variiert worden: Verbote, Diffamierung des Autors und des Werkes, Verschweigen. Die kaiserlich-wilhelminische Zensur untersagte, solange ihr das vergönnt war, die Veröffentlichung von Heinrich Manns *Untertan*, und es ist sicher keine

---

19 Jürgen Peters: »Kleine Leute erzählt«, in: »Frankfurter Rundschau«, 13.9.1980.

Spekulation, anzunehmen, daß die Gründe für das Verbot von 1914 dieselben waren, die knapp vierzig Jahre später die Aufführung des gleichnamigen Defa-Films in der Bundesrepublik Deutschland verhinderten. Es lag in der Natur der Sache, daß in den Jahren nach 1945 Parallelen im Verhalten Diederich Heßlings zu Beginn des Jahrhunderts und im Verhalten der nachfolgenden »Untertanen«-Generationen angepaßter Kleinbürger angesichts der Katastrophe von 1945 besonders deutlich hervortreten mußten, und Parallelen im Verhalten Diederich Heßlings und im Verhalten eines KZ-Aufsehers konnten nun, in den Nachkriegsjahren, da Tatsachenmaterial über das »Tausendjährige Reich« vorlag, schlecht übersehen werden, um nur einen besonderen Aspekt der Affinität zu benennen. Nun war Heinrich Mann kein Hellseher; wenn sein Roman solche Aktualität gewinnen konnte, war dies in der Tatsache begründet, daß dieser Roman schlüssig die Frage nach den geistigen Voraussetzungen beantwortete, die die schrecklichen Mechanismen der Naziherrschaft in Gang zu setzen vermochten.

Während Heinrich Manns Roman konventionell gebaut und erzählt ist, wählte Gisela Elsner in ihren Werken eine andere Form, um das gleiche zu erreichen und zu befördern. Bei ihr gibt es zum Beispiel keine Gegenspieler im hergebrachten Sinn, auch gedanklich keinen Gegenentwurf zur dargestellten, denunzierten Realität – nirgendwo und niemals. Das ist eine Grundposition Elsnerscher Erzähltechnik, die davon ausgeht, daß das Bewußtmachen eines Zustands, eines Verhaltensmusters, einer geistigen Situation die erste Voraussetzung für Veränderung ist. Sie geht weiterhin davon aus, daß sich dort, wo selbst der Kitt der Restauration brüchig ist, die Entlarvung geradezu anbietet, weil es sowieso nichts mehr zu retten gibt. Diese Grundposition wurde der Autorin selbst von denjenigen Kritikern, die ihren Stellenwert in der bundesdeutschen Literatur relativ hoch ansetzten, als »eine Schwäche ihrer Prosa« ausgelegt, die sich besonders »in der Ziellosigkeit ihrer Dekuvrierung des Kleinbürgertums« offenbare: »Veränderungsmöglichkeiten weiß G. Elsner nicht aufzuzeigen. Auch ihren Personen gestattet sie keine Entwicklung.«[20] Wenn die Verfasser dieser Zeilen geschrieben hätten: In der Zielstrebigkeit ihrer Dekuvrierung des Kleinbürgertums zeige sich die Stärke der Elsnerschen Prosa, erübrigten sich die beiden folgenden Sätze, zumal man beim besten Willen nirgendwo den Eindruck gewinnen kann, daß die Autorin jemals die Absicht hatte, »Veränderungsmöglichkeiten« im Sinne einer restaurativen Kritik in Betracht zu ziehen. Hätte sie solche Möglichkeiten gesehen, wäre ihre Li-

---

20 Kässens/Töteberg, a.a.O.

teraturkonzeption durch nichts gerechtfertigt. Und es ist auch anzunehmen, daß die Vorstellung, diese Kleinbürger könnten sich noch weiterentwickeln, selbst die Phantasie einer Gisela Elsner überfordert hätte. Als dann Ende der 80er Jahre der Roman *Fliegeralarm* erschien, war es offensichtlich, daß sie mit ihrer Literaturkonzeption in eine Sackgasse geraten war: Sie hatte ihr Grundmodell so oft variiert, bis es – bei der Groteske pur angelangt – nichts mehr zu variieren und zu steigern gab. Alle Schlüssellöcher waren durchschaut. Die Situation war tragisch, weil sie das wußte. Darüber nachgedacht hat sie ständig, aber sie sah sich angesichts der realen gesellschaftlichen Kräfte nicht in der Lage, in ihrer Literatur eine tragfähige Komponente als Gegenkraft zur denunzierten Wirklichkeit überzeugend darzustellen. Die Wende 1989/90 empfand sie als herben Rückschlag für alle diesbezüglichen Überlegungen.

Eines soll mit aller Deutlichkeit ausgesprochen werden: Gisela Elsners Erzähler, auch wenn sie nicht personifiziert sind wie in *Das Berührungsverbot*, *Der Punktsieg* oder *Abseits*, sind nicht identisch mit dem Autorenstandpunkt. Es sind Fiktionen, »Unpersonen«, die sich erlauben oder den Spaß machen, die literarischen Personen permanent ihren eigenen Klischees auszuliefern: ihren Illusionen, Verlogenheiten, Heucheleien und unsäglichen Gewohnheiten. Zu diesem Zweck erfindet Gisela Elsner ihre Sprache oder macht sie sich aus den gängigen, jeweils charakteristischen Sprachklischees zurecht. »Indem die Autorin oft mit weitausholenden Sätzen einen großangelegten Anlauf nimmt, der jedoch am Schluß nur in einer ausgekochten Banalität steckenbleibt, parodiert sie den stets vergeblichen Anlauf des eitlen Bürgers, sich zu Geltung und Ruhm aufmachen zu wollen. Das alles gibt der Prosa Gisela Elsners den erforderlichen linkischen und leicht gespreizten Anstrich, der Ausdruck ist für die dümmliche Vertracktheit der gezeigten Personen. Das schwierige Unterfangen, Dummheit überlegen darzustellen, ist bravourös gelungen (...).«[21] – »So schaffte die Stilistin mit ihrer klappernden, zuweilen gedrechselt hölzernen Käfigstangenprosa auch noch in aller Form die Distanz zu einer Welt, über deren Natur und deren Psyche sie gleichwohl so gut informiert scheint, als existierten sie in ihr. Sie durchschaut ihre Kreaturen, aber sie weigert sich, Verständnis für die Zwänge zu haben, denen diese Kreaturen hilflos anheimgegeben sind.«[22] – »Absurditäten sind das freilich, aber Absurditäten, die dann zum Vorschein kommen, wenn die Denk- und Sprachwelt der Riesenzwerge auf ihre reale Substanz hin geprüft wird.

---

21 Lauterburg, a.a.O.
22 K.H. Kramberg: »Das Satyrspiel des Bürgers«, in: »Süddeutsche Zeitung«, 21.11.1970.

Für das Ergebnis, die infernalischen Perspektiven, ist der Autor nicht verantwortlich.«[23]

Die zuletzt zitierten Sätze, bezogen auf die *Riesenzwerge*, treffen ihrem Sinn nach auch für die folgenden Bücher Elsners zu, denn nach der satirischen Aufarbeitung eines Gesellschaftszustands schlechthin in ihrem Erstling wandte sie sich in den nachfolgenden Werken den Details zu. Die Verachtung, mit der die Autorin ihre Geschöpfe insgesamt über die Bloßstellung durch die Satire hinaus bedenkt, ist nicht zu überlesen. So entlarvte sie zum Beispiel in *Die Zähmung* schonungslos ein Gesellschaftskonzept als lächerlich, das ungelöste gesellschaftliche Probleme zur privaten Angelegenheit erklärt und gesellschaftliche Grundvoraussetzungen, zum Beispiel für eine Emanzipation, nicht nur leugnet, sondern sie über die Bewußtseinsfrage regeln will.

Ein Thema, das von Anfang an in der Elsnerschen Prosa eine Rolle spielt, ohne daß es in den Rang einer zu bewältigenden Problematik gehoben wird, ist der Identitätsverlust ihrer literarischen Figuren. Sie sind auf der Suche nach ihrer Identität, ohne genau zu wissen, was das ist und worin sie für sie besteht. Ja, mitunter wissen sie nicht einmal, daß sie auf der Suche sind. Während dieses Thema dem Gesamtwerk immanent ist,[24] nimmt es hier und dort konkrete Formen an. In diesem Zusammenhang sei der Roman *Abseits* erwähnt, in dem satirische Mittel nur sparsam eingesetzt werden. Gisela Elsner geht hier ganz gegen ihre Gewohnheit konventionell vor: Ein Fall wird geschildert, nur dieser Fall. Alles, was außerhalb des Gesichtsfeldes der Heldin liegt, wird weggelassen, auch wenn es vielleicht zu Klärung der Zusammenhänge einer Erörterung wert wäre. Dafür werden in der bekannten Art Alltagsdinge, Triviales, scheinbar Nebensächliches mit Genauigkeit beobachtet und durch ständige Wiederholungen ins Bild gesetzt.

Lilo Besslein ist dieser Fall. Sie lebt mit ihrem selbstzufriedenen Mann – mittelmäßig in jeder Beziehung – in einer Trabantenschlafstadt am Rande einer Metropole in einer genormten Neubauwohnung. Sie hat alles zum Leben, eine kleine Tochter ist da. Die Kulissen für ein bundesdeutsches etwas gehobenes Durchschnittsdasein sind vorhanden, genauso wie es illustrierte Zeitungen und Medien in hundert Varianten als höchstes Glück auf Erden preisen. Und dennoch fragt sich Lilo Besslein, hübsch anzusehen, gut angezogen, aus sogenanntem »guten Hause«, wozu sie eigentlich auf der Welt ist. Sie fragt dies nicht etwa laut oder schaustellerisch – es ist dies mehr eine

---

23 Hans Vetter: »Die Sprache wird hier beim Wort genommen«, in: »Kölner Stadt-Anzeiger«, 11.5.1964.
24 Vgl. Lauterburg, a.a.O.

Ahnung, vorhanden nur im Unterbewußtsein, und Lilo Besslein scheint unfähig, das, was sie fühlt, zu artikulieren. Aus ihrem Verhalten und ihren Artikulationsschwierigkeiten, der Suche nach Identität, wird aber unschwer erkennbar, daß es sich um den exakten Ausdruck eines Lebensgefühls handelt aufgrund oder infolge einer gesellschaftlichen Entwicklung und eines Fortschrittsglaubens, die in der Praxis ganz einfach das nicht halten, was sie in der Theorie am laufenden Band versprechen. Lilo Besslein, durchaus keine Aussteigerin oder dumme Gans, kann beim besten Willen den Sinn ihres Daseins nicht entdecken. Viel schlimmer noch: Sie ist nicht – oder nicht mehr – in der Lage herauszufinden, was für sie sinnvoll wäre. Alle Versuche (Ausbruchsversuche kann man nicht sagen, das setzte voraus, daß sie ihre Situation wenigstens annähernd begriffen hätte), eine Änderung des ewigen Einerlei herbeizuführen, stellen sich als jene Klischeelösungen heraus, die in Briefkastenecken der Boulevardpresse, seichten Sozialstücken, Fernsehserien und pseudowissenschaftlichen Streit- und Gruppengesprächen angeboten werden. Da, wo vielleicht tragfähige Alternativen vorhanden wären, vermag Lilo Besslein nicht einmal Ansatzpunkte solcher Alternativen zu entdecken. Sie verzweifelt.

Nun wäre der Roman *Abseits* schon allein dadurch Literatur von überdurchschnittlichem Format, daß Gisela Elsner es vermag, anhand der erzählten Story unbarmherzig jene gesellschaftlichen Mechanismen bloßzulegen, die Geschöpfe wie Lilo Besslein hervorbringen; sie geht aber noch einen Schritt weiter: Durch ihre direkte und indirekte Bezugnahme auf einen Roman der Weltliteratur, auf *Madame Bovary* von Gustave Flaubert, macht sie auf den Umstand aufmerksam, daß das Schicksal der Heldin Bovary keineswegs der Vergangenheit angehört, sondern erschreckend aktuell ist. Mehr noch: Sie verdeutlicht, daß Madame Bovary und Lilo Besslein Protagonisten ein und derselben Misere sind. Sie entlarvt, daß sich – entgegen allen anderslautenden Erklärungen, zum Beispiel von Sozialpartnerschaft und dergleichen – am Wesen des Kapitalismus, seiner Ware-Geld-Beziehung, seiner entsprechenden bürgerlichen Ordnung nichts, aber auch gar nichts geändert hat. Und genau das ist der Punkt, an dem eine bestimmte Gruppe von Kritikern ansetzte, auch diesen Roman als »mißraten«, als »peinliche Entgleisung« und die Autorin als Dilettantin zu bezeichnen.[25] Aber gerade

---

25 Hellmut Karasek: »Madame Bovary auf Wohnungssuche«, in: »Der Spiegel«, 29.3.1982. Vgl. auch Heinrich Vormweg: »Die Bovary aus der Trabantenstadt – Gisela Elsner öffnet unsere Realität mit Flauberts Schlüssel«, in: »Süddeutsche Zeitung«, 1.4.1982; Frank Benseler: »Abseits – dennoch Tor!«, in: »Deutsche Volkszeitung«, 10.6.1982; Nobert Mecklenburg: »Banalität und Tragik, in: »Neue Zürcher Zeitung«, 10.6.1982; Eckhard Henscheid: »Vom Selbstmord Lilo Bessleins – Gisela Elsners mißratener Roman *Abseits*«, in: »Frankfurter Rundschau«, 12.6.1982; Rudolf Bussmann:

dieser Roman kann als beredtes Zeugnis gesellschaftskritischer Literatur unserer Zeit gelten.

In einem Land, wo schöngeistige Literatur, wenn sie sich gesellschaftskritisch gibt, im Grundtenor überwiegend restaurativ ist, was harte Kritik am Bestehenden überhaupt nicht ausschließt, sind Romane und Erzählungen im Stile Gisela Elsners fast von vornherein dazu verurteilt, einen Effekt zu verursachen, den Alfred de Musset in seiner Gleichniserzählung von der weißen Amsel so treffend geschildert hat. Eine Amsel, die weiß ist, fällt auf, ob sie dies will oder nicht, einzig und allein durch ihre Existenz, und ist allem Bestaunen und allen Verdächtigungen ausgesetzt, die eine Abweichung von der Norm hervorrufen. Die Abweichung von der Norm im Falle Elsners ist die rücksichtslose satirische Aufarbeitung aller Erscheinungen und Ursachen des Restaurativen, auch in seinen unauffälligen und verdeckten Formen. Daß dies so ist, haben die Reaktionen in Wort und Schrift auf jede Publikation dieser Schriftstellerin stets aufs neue bewiesen.

»Schrei ohne Echo«, in: »Basler Zeitung«, 7.8.1982; Heinz Heer: »Die verunmöglichte Emanzipation aus der Depression«, in: »Vorwärts«, 8.9.1982.

Evelyne Polt-Heinzl

Alltagsrituale unter dem Mikroskop

oder Wie Gisela Elsner aus dem Nähkästchen plaudern läßt

1 Knopfspiele

Das dritte Kapitel von Gisela Elsners Roman *Die Riesenzwerge* (1964), ihrem monumentalen »Beitrag« (so der Untertitel) zur Mentalitätsgeschichte der Ära Adenauer, heißt »Der Knopf«[1] und verschränkt die Praxis schwärzester Pädagogik im Klassenzimmer mit den repressiven Mechanismen in der Kleinfamilie. Das vermittelnde Element ist der Knopf, und schon darin ist ein kulturhistorischer Kommentar enthalten. Die Ablösung der jahrtausendealten Tradition der Fibel durch den Knopf beginnt im Mittelalter. Der weiche, geschmeidige Faltenwurf, den die Gewandnadel ermöglicht, steht für die Priorität körperangepaßter Behaglichkeit vor dem Diktat des Zentimetermaßes. Knopfkleidung symbolisiert den Siegeszug des Starren, der Etikette, der uniformen Steifheit. Der Knopf setzt dem Körper Grenzen und bestraft jede Maß- und Zügellosigkeit im Bewegungs- und Eßverhalten umgehend: Er ruft mit einengendem Druck zur Ordnung oder stellt undiszipliniertes Verhalten mit seinem spontanen Abgang bloß. Der Knopf in reihenweiser Anordnung ist als Zeichen von Dienstbarkeit und unterdrückter Individualität elementarer Bestandteil von Livreen und Uniformen. Fehlt ein Knopf – zumal an sichtbarer Stelle –, kann man nicht so zugeknöpft sein, wie es die gesellschaftlichen Usancen verlangen.

Das passiert Lothar Leinleins Oberlehrer-Vater am Morgen regelmäßig. Wenn er durch den Korridor eilt – die Tugend preußischer Pünktlichkeit zwingt auch ihre Verkünder und Exekutoren in das strenge Zeitkorsett –, »knöpft er sich seine Kleider zu von unten herauf, indem er erst die Knöpfe des Hosenschlitzes einerseits in die Knopflöcher des Hosenschlitzes andererseits schiebt« (S. 58). Die Wiederherstellung der dienstlichen, offiziellen Persönlichkeit beginnt nach dem Heraustreten aus dem elterlichen Schlafzimmer in jener Körperregion, die das Exekutivorgan des tabuisierten nächtlichen Ehelebens beherbergt, mit dem es nicht so recht zu klappen scheint. Das ist aus kleinen Hinweisen im Fortgang des Textes herauslesbar, so wie Gisela

---

[1] Gisela Elsner: *Die Riesenzwerge. Ein Beitrag*, mit einem Nachwort von Hermann Kinder, Hamburg 1995, S. 58–84. Im folgenden mit Seitenangaben im Text nachgewiesen.

Elsner häufig unter der ins Schrille kippenden Groteske an der Oberfläche in der Mikrostruktur der Texte gleichsam subkutan das Geflecht von Tabus und Indiskretionen im kleinfamiliären Alltag fast unbemerkt zur Implosion bringt.

Herr Leinlein knöpft und nestelt also in aufsteigender Richtung an sich herum. Er kommt zunächst gut voran, obwohl er ungeduldig ist und seine Feinmotorik zu wünschen übrig läßt; am letzten, obersten Hemdknopf, also dort, wo der Tastsinn auf sich allein gestellt ist, weil der Sehsinn ihn nicht mehr unterstützen kann, wird er scheitern. Herr Leinlein könnte sich des Hilfsmittels Spiegel bedienen, doch das wäre ein Eingeständnis seiner Ungeschicktheit, also tut er es nicht, und das Unglück passiert. Es passiert jeden Morgen – so sieht es der kleine Lothar, der es bald nicht mehr live sehen kann, weil seine starre Beobachtungshaltung die nervöse Mutter noch nervöser macht und sie den Jungen hinausschickt. Doch der weiß, »daß sie sitzen wie ich sie sitzen sah, immer noch« (S. 59). Den kleinfamiliären Alltag und seine Konfliktfelder beherrscht das Prinzip der ritualisierten Repetition. So weist der Vater das Angebot der Mutter, ihm den obersten Hemdknopf zuzumachen, immer wieder zurück, und zwar mit dem Hinweis auf ihre besondere Ungeschicklichkeit (»Damit du mir den siedendheißen Kaffee über's Hemd schüttest!«).

Wenn der Knopf dann ab ist, holt die Mutter den Nähkasten. Er steht »unter der Konsole unter dem Garderobenspiegel«. Konsole bezeichnet ein »Wandgestell«, in der Architektur einen vorspringenden Tragestein für Bogen und Figuren; das Wort wirkt, zumal aus dem Mund des etwa fünfjährigen Lothars, der die Episoden des Romans erzählt, etwas überinstrumentiert. Räumliche Verortungen im Wohnambiente sind bei Elsner stets mit großem Symbolwert aufgeladen. Der Garderobenspiegel wird eingespielt, weil er daran erinnert, daß Herr Leinlein sich seiner Hilfe – um das Unglück zu vermeiden – eben nicht bedient, und das kleine Wandregal wird zur Konsole aufgewertet, weil es die beiden Sphären der männlichen und weiblichen Lebenswelt separiert: Unter der Konsole steht Frau Leinleins Nähkasten, auf der Konsole liegt Herrn Leinleins Aktenmappe. Sie wird er »hochheben«, wenn er die Wohnung verlassen wird mit Kurs auf das Schultor aus eisernen Gitterstäben am Gehsteig gegenüber. Davor liegt noch die rituelle Vernichtung der Frau.

Während Frau Leinlein zu Beginn noch in ganzen Sätzen zu ihrem Mann spricht – »Laß mich lieber machen!« – »Jetzt hab ich die Hände frei!« – »Ich nähe ihn wieder an.« – »Laß du nur dein Hemd an. Ich kann ihn auch so annähen« (S. 58) –, wird sie im Fortgang der Szene in Anwesenheit ihres Mannes keinen Satz mehr zu Ende sprechen können. Erst wenn sie wieder mit sich alleine ist, gewinnt sie allmählich ihre Kompetenz zurück, sprachlich wie praktisch: Mit ruhigen Händen näht sie in Knopfabstand Knopf an Knopf an das Tischtuch. Summend und kichernd appliziert sie eine perfekte Uniformknopfreihe als Borte auf das Familientischtuch, das sie dazu nicht abnimmt, so daß das darauf befindliche Frühstücksgeschirr nach und nach am Boden zerschellt.

Das ist das Schlußtableau der Szene; dazwischen liegt Frau Leinleins radikales Scheitern an der hausfraulichen Bewährung des Knopfannähens. Zwar findet sie mühelos den Nähkasten und darin die weiße Zwirnrolle und auch noch die passende Nadel, die ordentlich im Nadelkissen steckt. Aber an diesem Punkt hat der lautstark geäußerte Unmut ihres Mannes schon einen ersten Höhepunkt erreicht, und an ein Einfädeln mit ihren zitternden Händen ist nicht mehr zu denken. Sie kapituliert und geht wie jeden Morgen zur Nachbarin, die, entspannt und tüchtig, wie sie auftritt, rasch den Faden ins Nadelöhr bringt. Frau Leinlein kehrt zu ihrem schimpfenden, permanent weiteressenden und hyperventilierenden Mann zurück. Doch zitternd fällt die Koordination der eigenen Bewegung schwer, und ein geordneter Paarlauf mit den fuchtelnden Händen ihres Gatten ist fast unmöglich. Bald kommt die Nachbarin selbst, schneidet den halb angenähten Knopf kurzerhand wieder ab und näht ihn endlich »ordentlich« an. Das geht jetzt auch leicht, weil Herr Leinlein fertig gefrühstückt hat und seine übersteigerte Motorik im Bann der üppigen Weiblichkeit der Nachbarin gleichsam ruhiggestellt wird. »Patent! Patent!« (S. 64) ist das Maximum an Lob, das Herr Leinlein mit wohlwollender Großmut für die Effizienz der Nachbarin von sich gibt und das seine Frau wohl nie zu hören bekommen hat. Es ist dieses patriarchal zugeteilte oder verweigerte »Patent!«, das die Wertung der Frauenfiguren festschreibt: Die Tüchtigkeit gehört der selbstsicheren Nachbarin, das Scheitern an den simpelsten Hausfrauenaufgaben der gebrochenen, stets mit eingezogenen Schultern herumhuschenden Mutter. So, wie sie im ersten Kapitel des Romans kaum ißt, ist auch ihr Aufatmen kaum zu hören, als ihr Mann kurz darauf die Wohnung verläßt und sie ihr Tagwerk beginnt, dessen sinnlos knopfzentriertes Ergebnis wir in der Schlußszene sehen. Es sind immer die bedenkenlos Tüchtigen wie Herr Leinlein und die Nachbarin, die nach den Katastrophen rasch, effizient und ungerührt die sichtbaren Schäden beseitigen und die »Ordnung« wieder herstellen – im Kontext von Elsners Gesamtwerk ist auch das »Knopf«-Kapitel der *Riesenzwerge* ein deutlicher Kommentar zur Geschichte der Restauration nach 1945.

Wenn die Nachbarin die Wohnung betritt, schwabbeln die »großen Rundungen ihres Rumpfes (...) hinten und vorn. Die

Beine hat sie weit (...) auseinander unter ihrem Rock.« So sieht es der kleine Lothar. Sie hat einen sicheren Schritt, steht mit beiden Beinen im Leben und sorgt dafür, daß ihr ausreichend Raum zugestanden wird. Nach dem zweimal wiederholten Lob aus Herrn Leinleins Mund verläßt sie die Wohnung noch selbstsicherer: »Die Beine hat sie weit, weiter als beim Hineingehen auseinander unter ihrem Rock« (S. 64). Die Stellung ihrer Beine hat eine deutlich sexuelle Konnotation. »Meine Frau versagt immer, wenn es darauf ankommt« (S. 63), sagt Herr Leinlein zur Nachbarin. Eindeutig: Die Nachbarin versagt beim Knopfannähen so wenig wie beim außerehelichen Beischlaf. Frau Leinlein hat völlig recht, wenn sie zusammenzuckt und einen leisen Schrei ausstößt, als die Nachbarin am Ende der Operation mit forscher Geste den Faden abschneidet, »als schneide die Nachbarin nicht den Faden zwischen Knopf und Hemdstoff durch, sondern ihr in die eigene Haut« (S. 64). Wie sorgfältig Elsner ihre Texte webt, zeigt die doppeldeutige Wiederaufnahme der Körperhaltung der Nachbarin in der Schlußszene: Knöpfe annähend sitzt die Mutter am Eßzimmertisch, »den Nähkasten zwischen ihren weit auseinander zu Boden gestellten Beinen« (S. 84). Dieses Schlußbild friert in der Sitzhaltung ihr dreifaches Versagen ein: beim Essen, beim Nähen und im Ehebett.

Doch auch Oberlehrer Leinlein nimmt mit dem von der Nachbarin angenähten obersten Hemdknopf das Thema Knopf mit in seinen Arbeitstag, wo die häusliche Szene am Frühstückstisch endgültig in die Groteske kippt. Er betritt das Klassenzimmer, »Fenster für Fenster aufreißend« (S. 67), so daß der immer wißbegierige Lothar vom Fenster gegenüber den Unterrichtsablauf akustisch mitverfolgen kann. Oberlehrer Leinlein stellt das morgendliche Knopfunglück seinen Schülern als Unterrichtsaufgabe. Was tut Schüler Jaul, wenn ihm morgens der oberste Hemdknopf abreißt? So lautet die Aufgabe, die die Schüler nicht lösen können, weil die Zwischenfälle und Widerstände, die Oberlehrer Leinlein pausenlos erfindet, einen guten Ausgang in Form eines funktionstüchtigen obersten Hemdknopfes nicht zulassen. Die Mutter darf Jauls Mißgeschick nicht sehen, das Nähkästchen ist nicht auffindbar, die Nadel geht nicht durchs Knopfloch, der Knopf geht verloren, und als dann doch gegen alle Widrigkeiten irgendein Knopf angenäht sein darf, paßt er nicht durchs Knopfloch. Da beginnt ein Schüler zu weinen, und alle stehen mittlerweile in der Strafposition, weil sie an irgendeinem Punkt der eskalierenden Knopffatalitäten eine falsche Antwort gegeben haben. Diese von Oberlehrer Leinlein bevorzugte Strafposition heißt »Stemmen« und scheint direkt vom Appellplatz der Konzentrationslager ins Klassenzimmer gewandert zu sein. Für den kleinen Lothar ist sie vom Fenster aus gut zu beobachten: Nacheinander müssen die bestraften Schüler aufstehen und, die Schultasche über den Kopf gestemmt, stehenbleiben.

Der Knopf ist nicht nur Thema der Unterrichtseinheit, das ganze Schulzimmer ist wie ein militärisch ausgerichtetes Knopfspiel, als wäre Oberlehrer Leinlein allzu rasch von Kasernenhof und Appellplatz in das Schulzimmer zurückgekehrt. Wie Uniformknöpfe sind die Schüler paarweise in den drei Bankreihen zu je sechs Bänken in alphabetischer Anordnung ausgerichtet: in den ersten fünf Bänken jeweils zwei Schüler am linken und rechten Bankrand mit zwei Schülerknöpfen Abstand dazwischen, in der letzten Bank jeweils ein Schüler mittig plaziert, ergibt 33 Schüler, von denen drei fehlen. Die 30 anwesenden Schülerköpfe sieht der kleine Lothar abwechselnd auf die absurden Fragen seines Oberlehrer-Vaters hin aufspringen und wieder unter den Fenstersimshorizont seines Blickfeldes ins Bodenlose verschwinden. Bis am Ende alle 30 Schüler ihre Schultaschen stemmend in Lothars Blickfeld bleiben. Die Sinnlosigkeit und Willkür dieser Unterrichtseinheit ist ohne Maß. Im Klassenzimmer darunter, in das Lothar immer wieder einen Blick wirft, ist die Disziplin nicht viel weniger straff. Der Lehrer marschiert durch ebenso zackig geordnete Bankreihen und erteilt seine Anweisungen im Befehlston. Aber immerhin deklinieren die Schülerstimmen hier im Chor – auch wenn der in seiner Zackigkeit an marschierende Soldaten erinnern mag – verschiedene Hauptwörter durch: verglichen mit der Unterrichtsgroteske im Stock darüber ein fast sinnvolles pädagogisches Geschehen.

2 Der Nähkasten

Dem konventionellen bürgerlichen Rollenverständnis entsprechend, das der Faschismus nach den Neupositionierungsansätzen der 20er Jahre tatkräftig reinstalliert hatte, hat sich das Frauenleben am Kochtopf und an der Nähnadel zu bewähren. Unwilligkeit und Ungeschicklichkeit in einem dieser Felder führen zur völligen Entwertung der Frau, die erst durch ein »Patent! Patent!« des männlichen Gegenübers zum Leben erweckt wird. Dafür sind der Hausfrau die Utensilien und Örtlichkeiten vorbehalten, die der Ausübung ihrer ureigenen Aufgaben dienen: die Küche und das Nähzimmer, das im kleinbürgerlichen Ambiente von Kleinwohnung bis Siedlungshaushälfte zum mobilen Nähkästchen schrumpft. Theodor Fontanes »Effie Briest« (1895) verfügt als Gattin des honorigen Baron Innstetten noch über einen Nähtisch. Er ist gewissermaßen ihr Hoheitsgebiet und damit auch ideales Versteck für alles, was es innerfamiliär zu verbergen gibt. Zum Beispiel Liebesbriefe. Tatsächlich ist eine lange Verkettung von Zufällen vonnöten, daß das gut verborgene Bündel trotzdem in Innstettens Hände fällt: Effie ist nicht zu Hause, die kleine Tochter Annie verletzt sich bei einem Sturz, das Kindermädchen Roswitha sucht hastig nach einer langen Binde und vermutet sie im versperrten Nähtisch ihrer Herrin. Das Schloß wird erbrochen, es ist immerhin ein Notfall: Nähzeug, Nadelkissen, Rollen mit Zwirn und Seide werden herausgekramt und auf das Fensterbrett gelegt, und eben auch das verhängnisvolle Bündel mit Briefen. Die Binde kommt nicht zutage, aber Effies Affäre, denn Innstetten steckt die Briefe ein. Bei ehebrechenden Frauenfiguren bedient sich die Literatur gerne ihrer Kinder als Instrumente zur Enttarnung und Bestrafung.

Im Hause Leinlein hat der Nähkasten seinen festen Platz: unter der Konsole unter dem Garderobenspiegel. Das zeigt Frau Leinleins ängstlicher, wenn auch von vornherein vergeblicher Versuch, den an sie gestellten Anforderungen hausfraulicher Funktionstüchtigkeit zu entsprechen. Wie erwähnt trennt die Konsole die innerfamiliären Hoheitsgebiete: Aktenmappe und Nähkasten als Schwundstufen von väterlichem Schreib- und mütterlichem Nähtisch. Die haben vieles gemeinsam. Sie bergen neben den ihnen definitionsgemäß zugehörigen Dingen – Schreib- und Nähzeug – eine Menge von Klein- bis Kleinstutensilien, die im Alltag dazu neigen, verlorenzugehen, die keinen festen Aufbewahrungsort haben und sich hier zum Teil auch nur zufällig ansammeln. Dem Schreib- wie Nähtisch haftet etwas Geheimnisvolles an. Das hat mit ihrer klaren Benutzerzuordnung – der Vater / die Mutter – zu tun und mit den Zugangsbeschränkungen, die Kindern unter dem Titel der Gefährdung (Scheren, Nadeln ...) auferlegt werden. Verbote wecken die Neugier und regen die Phantasie ebenso an wie die Vielzahl von selten gesehenen Schächtelchen und die Buntheit der Garne wie der Schreibstifte.

Walter Benjamin beschreibt in seiner *Berliner Kindheit um neunzehnhundert* den Nähtisch als Hort der »Machtvollkommenheit der Mutter«: »Wie alle Herrschersitze hatte auch der ihre am Nähtisch einen Bannkreis. Bisweilen bekam ich ihn zu spüren. Unbeweglich, mit angehaltenem Atem stand ich darin. Die Mutter hatte entdeckt, es sei, eh ich sie auf Besuch oder zu Einkäufen begleiten dürfe, an meinem Anzug etwas auszubessern.«[2] Mutter Benjamin hat leicht nähen, den kleinen Walter immobilisiert die kindliche Ehrfurcht vor dem Bannkreis, den Vater Leinlein gar nicht wahrnimmt. Daß Mutter Benjamin nur mit einer Nadel und einem Faden an seinem

---

2 Walter Benjamin: »Der Nähkasten«, in: ders.: *Berliner Kindheit um neunzehnhundert*, Fassung letzter Hand, Nachwort von Theodor W. Adorno, Frankfurt a.M. 1987, S. 71–73, hier S. 71.

Anzug zugange ist, irritiert das Kind, denn es steht »in keinem rechten Verhältnis zu dem vielfarbigen Aufgebot der Seiden (...), den feinen Nadeln und den Scheren in verschiedenen Größen, die vor mir lagen«, und die seine Phantasie in Gang setzen. »Daß mich die Zwirn- und Garnrollen darinnen mit einer verrufenen Lockung quälten«, bestärkt ihn im Zweifel daran, ob »der Kasten von Haus aus überhaupt zum Nähen sei«. Es ist der Hohlraum der Spulen, der ihn beschäftigt, das verborgene Loch. »Nunmehr war dieses Loch auf beiden Seiten von der Oblate überdeckt, die schwarz war und mit goldnem Aufdruck Firmennamen und Nummer trug. Zu groß war die Versuchung, meine Fingerspitzen gegen die Mitte der Oblate anzustemmen, zu innig die Befriedigung, wenn sie riß und ich das Loch darunter tastete.«[3] Ohne jeden Kommentar verpackt Walter Benjamin hier in den Nähkasten die Analyse der verlogenen Prüderie der Gründerzeit, die in jedem Moment und an jedem Gegenstand in ihr übersexualisiertes Gegenteil kippt.

Im Nähkasten ist das oberste Gebot die – wie bei allen kleinteiligen Sammelsurien – schwierig zu haltende Ordnung, auf daß im Notfall eines abgerissenen Knopfes das Werkzeug rasch bei der Hand sei. Das Nähzeug hat zu tun mit Flickarbeiten – dient also der kleidungs- und wäschemäßigen Erhaltung des familiären Status quo; es kann aber auch für Stick- und Strikkaktivitäten genutzt werden, trägt also bei zur Versorgung und auch zur Verschönerung des familiären Lebensbereichs im Sinne des »Schmücke Dein Heim«. Der gut ausgestattete und wohlsortierte Nähkasten ist der Spiegel des geordneten Hauswesens. Wenn alle gesellschaftlichen Regelsysteme außer Kraft sind: Im Nähkasten ist die Welt noch in Ordnung. Das ist der Grund, weshalb Vater Welsner bei jedem *Fliegeralarm*[4] (Roman, 1989) den Nähkasten der Mutter an sich rafft und damit Richtung Luftschutzkeller hastet. Er hält sich am Nähkasten fest, der diesen Halt scheinbar verweigert. Darauf deutet schon sein Aufenthaltsort hin: Er steht in der Abstellkammer, ist ins Abseits geraten; Mutter Welsner hat vor dem existentiellen Chaos kapituliert, der totale Krieg und seine Folgen machen Flicken und Stopfen ebenso lächerlich wie verschönerndes Sticken. Der Nähkasten scheint dem Vater auch praktisch den Halt zu verweigern: Der hölzerne Griff reißt ab, und der bunte und kleinteilige Inhalt ergießt sich auf die Kellertreppe, und zwar regelmäßig, weil ihn der Vater »auf eine dermaßen schlampige Art und Weise nach jeder Entwarnung zu reparieren pflegte, daß dieser Griff bei nahezu jedem Bombenangriff frühestens auf der untersten

---

3 Ebd., S. 72.
4 Gisela Elsner: *Fliegeralarm*, Roman, Wien, Darmstadt 1989. Im folgenden mit Seitenangaben im Text nachgewiesen.

Stufe der Kellertreppe, spätestens in dem zum Luftschutzraum führenden Kellervorraum wieder abriß« (S. 29). Das ist nicht Nachlässigkeit, das hat Methode. Daß der Griff nicht hält, der Nähkasten hinunterfällt und sein Inhalt wieder eingesammelt sein will, das ist für den Vater der einzig mögliche Halt, um die panische Angst während des Bombenangriffs zu überstehen. Während draußen die Flieger donnern und rundum die Bomben einschlagen, ist der Vater »einzig und allein darauf bedacht, im Nähkasten Ordnung zu schaffen« (S. 30), er macht »den Nähkasten zum Mittelpunkt einer Welt (...), in der das Weltgeschehen im Schaffen einer Ordnung all jener Schweißblätter bestand, die er da, hauptsächlich auf die Regelmäßigkeit der Abstände zwischen diesen oftmals ganz verschwitzten Schweißblättern und auf die makellose Korrektheit ihrer Lage achtend, nebeneinander im Nähkasten reihte und übereinander schichtete« (S. 30 f.). Die Mutter sieht als »bodenlosen Unfug«, was dem Vater mit der für Maniker typischen Bedachtsamkeit auf exakte Abstände zwischen den Dingen – darauf legt Oberlehrer Leinlein bei seinen Schülern ebenso wert wie Mutter Leinlein bei der Knopfborte am Tischtuch – die Todesangst überstehen hilft. Sein »Das hat mir gerade noch gefehlt« (S. 31) lenkt die Blickrichtung vom elementaren, todbringenden Unglück des Bombardements auf das kleine Mißgeschick der ausgestreuten Nähutensilien.

Was aus dem Nähkasten herausfällt, wird taxativ so aufgezählt: »Zwirnsrollen, Stecknadeln, Nähnadeln, Sicherheitsnadeln, Fingerhüte, Scheren, Stopfeier, Häkchen, Ösen, Druckknöpfe, Maßbänder, Stickrahmen, Schulterpolster, Reißverschlüsse und Schweißblätter«. Auffällig ist, daß in dieser Aufzählung all das fehlt, was bei Mutter Benjamin im »finstern Untergrund« des Nähkastens zu Hause ist, ein »Wust, in dem der aufgelöste Knäuel regierte, Reste von Gummibändern (...) und Seidenfetzen«[5], samt Bändern, Flicken, Borten, Litzen, Musterflecken oder Schneiderkreiden, aber auch nutzungsfremde Dinge wie Haarnadeln, Reiszwecken oder kleine Münzen. Noch verwunderlicher ist die völlige Absenz von Knöpfen, die im Nähkasten ihren angestammten Ort haben und sich in der Situation besonders gut im Raum verteilen würden. Das tun natürlich auch die Stecknadeln, die sind hier noch in ziviler Verwendung, während andere in militärischem Einsatz gerade dem Abstecken der Frontverläufe dienen.

Doch Vater Welsner nimmt sich beim Sammeln und Ordnen bevorzugt der Schweißblätter an, und auch das hat Methode. Sie werden als teilweise ungewaschen beschrieben – Mutter

---

5 Benjamin: »Der Nähkasten«, a.a.O., S. 72.

Welsner hat die Aufrechterhaltung eines geordneten Haushalts aufgegeben, das zeigt ihr Nähkästchen. Sie weiß, daß der Vater den Inhalt regelmäßig auf den schmutzigen Kellerboden ausleeren wird, da können Schweißblätter auch gleich ungewaschen in den Nähkasten wandern, schmutzig werden sie sowieso. Für den Vater hat das ein Tröstungspotential. In Situationen extremer Angst kann der eigene – oder ein familiär vertrauter – Körpergeruch so etwas wie Halt geben, er bestätigt die eigene Existenz. Es liegt etwas Animalisches über dem – wie betont wird – auf allen Vieren am Kellerboden herumkriechenden Mann, der gierig den Geruch ungewaschener Schweißblätter einsaugt. Die Angst des Vaters während der Fliegerangriffe ist elementar und grenzenlos, instinktiv hat er eine Methode gefunden, damit fertigzuwerden: Er klinkt sich aus der totalen Zerstörung des Luftangriffs aus und flieht in die schöne Ordnung im Nähkästchen, die von ihm hergestellt sein will. Im Großen ist er zur Untätigkeit verdammt und sucht sich im Kleinen eine – zur Situationsbewältigung keineswegs sinnlose – Tätigkeit. Während die Mutter jammert und weint, sich das kleine Mädchen, dem die Erzählstimme gehört, die Beine blutig kratzt und ihr Bruder ins Bett macht, ordnet er Schweißblätter. Die Welt geht in Trümmer, er kann seine Familie nicht beschützen, also rettet er das Nähkästchen und damit sich selbst vor dem Verrücktwerden. Vater Welsner ist ein kluger und auch ein mutiger Mann. Selbst in dieser Situation verweigert er dem stellvertretenden Gauleiter Beselsöder, dem in der anderen Haushälfte wohnenden Nachbarn, den Hitlergruß. »Heil denen, die kein Unheil stiften« (S. 31), ruft er ihm zu und wendet sich unverdrossen dem kleinen Unheil des am Boden verstreuten Inhalts seines lebensrettenden Nähkästchens zu.

3 Bügelstunde

Das siebte Kapitel des Romans *Die Riesenzwerge* heißt »Der Herr«[6] und ist dem biblisch geheiligten siebten Tag der Woche, dem Tag des Herrn, gewidmet. Der kleine Lothar ist bei seiner Großmutter. Räumlich wie akustisch ist ihre Wohnung von der bei jedem Blick aus dem Fenster sichtbaren katholischen Kirche beherrscht, deren Glockengeläut regelmäßig zur Messe ruft. Die Großmutter folgt dieser Aufforderung fleißig; besucht sie eine Messe nicht, beobachtet sie zumindest die Meßbesucher und ihr Verhalten vor und nach dem Kirchgang. Die räumliche Nähe zur Kirche ermöglicht ihr die mühelose Sozialkontrolle der Gläubigen durch einfaches Registrieren von Anwesenheiten und Absenzen.

---

[6] Elsner: *Die Riesenzwerge*, a.a.O., S. 170–200. Im folgenden mit Seitenangaben im Text nachgewiesen.

Auch an diesem Morgen besucht die Großmutter – nach eigenartigen nächtlichen Aktivitäten, davon später – die Morgenmesse, und der kleine Lothar bleibt allein zu Hause. Er beschäftigt sich mit dem Entziffern der golden eingerahmten Sinnsprüche, die im Korridor an der Wand hängen – die Konsole unter dem Garderobenspiegel ist wie in der Wohnung seiner Eltern vorhanden, von einem Nähkästchen darunter berichtet Lothar hier nichts. Fast zehn Seiten lang beschreibt Lothar minutiös das Erscheinungsbild der Buchstaben, die er nicht zu lesen versteht. Seine ausgefeilte Beobachtungs-, Zähl- und Beschreibungsgabe zeigt ihn als latent autistisches und vor allem als wohlstandsverwahrlostes Kind: Niemand, auch nicht sein Oberlehrer-Vater, hat ihm bisher verraten, was nach 10 für eine Zahl kommt und was die einzelnen Buchstaben bedeuten, die Lothar graphisch identifizieren und kundig beschreiben kann. Deshalb fährt er nach dem zehnten Buchstaben mit seiner Beschreibung von rechts aus gesehen fort und kann so wieder bei eins beginnen. Das setzt einiges an Intelligenz voraus, eigentlich müßte er schon lange lesen können, wenn sich jemand die Mühe gemacht hätte, ihm die Grundinformationen als Rüstzeug dazu an die Hand zu geben. Immer wieder fragt er in den zehn Kapiteln des Romans einen Erwachsenen, nie bekommt er Antwort, erst ganz zum Schluß erlöst ihn ein namenloser Kellner: »›Welche Zahl‹, frage ich einen Kellner vor dem Saaleingang, ›kommt nach zehn?‹ – ›Elf‹, sagt der Kellner.« (S. 284)

So endet der Roman. Vorläufig ergeben Lothars detaillierte graphische Beschreibungen der Buchstabenketten nur für den Leser den Sinnspruch: »Gott spricht die Wahrheit.« Da kommt die Großmutter vom Kirchgang zurück, und es beginnt ihre rituelle Bügelstunde.

Die hagere alte Frau, die sich eigenartig stelzend und mit knackenden Knochen durch die Räume bewegt und mit singender Stimme spricht, legt ein Bügelbrett quer vom Küchentisch auf eine etwas höhere Sessellehne und geht ans Aufbügeln einer schwarzen Herrenhose. Es ist die Hose des verstorbenen Großvaters. Den kennt Lothar schon von einem Foto, das auf einem Brett über dem Kanapee steht. Daß es sich dabei um ein Hochzeitsfoto handelt, von dem die Braut weggeschnitten wurde, erfahren wir durch ein kleines Detail, das Lothar auffällt: »Ein Stück seines rechten schwarzen Hosenbeins verdeckt weißer Stoff. Der Herr blickt ernst über seine rechte, seine abgeschnittene Schulter hinweg auf etwas herab, das dem Betrachter des Bildes verborgen bleibt.« (S. 180) Wer sich hier mit der Schere zu schaffen gemacht hat und wann das passiert ist, erfahren wir nicht.

Aus Gründen, die sich Lothar nicht erschließen, legt die Großmutter die Arbeit an der Anzughose ihres verstorbenen

Gatten besonders umständlich an – aber sie bügelt mit Inbrunst; so hingebungsvoll wird gut zehn Jahre später Vera die SS-Uniform ihres Bruders, des Gerichtspräsidenten Rudolf Höller, in Thomas Bernhards *Vor dem Ruhestand* (1979) aufbügeln. Die Großmutter verwendet zum Dämpfen ein kleines Tuch, das sie immer wieder nässen muß. Den Hinweg zum Wasserhahn jenseits des Bügelbretts legt sie stets so zurück, daß sie über das in der bodennahen Steckdose steckende Kabel des Bügeleisens hinwegsteigen muß; das macht sie bei jedem neuerlichen Gang näher am Bügeleisen, weshalb sie die knackenden Beine immer höher heben muß. Das gelingt ihr oft nicht ohne Berührung der Schnur, also gerät das Bügeleisen ins Wanken, gar Fallen, aber erstaunlich geschickt fängt sie es immer gerade noch auf, auch wenn sie sich dabei wiederholt die Finger verbrennt. Dann näßt sie das kleine Tuch neu und tritt den Rückweg an, der führt sie immer unter dem Bügelbrett durch. Sie »fällt auf die Knie, kriecht unter dem Bügelbrett hindurch und sich ächzend aufrichtend« (S. 182) macht sie sich daran, die nächste Stelle des Hosenbeins zu dämpfen. Es ist ein mühsames Geschäft, die Großmutter könnte auf der anderen Seite, am freistehenden Stuhl vorbei problemlos und ohne Hindernis zum Wasserhahn gelangen, sie könnte immer dort über das Kabel steigen, wo es in der Nähe der Steckdose noch ganz niedrig über dem Boden hängt und leicht zu überwinden ist, sie könnte auch ein größeres Tuch verwenden oder eine Wasserschüssel, aber all das tut sie nicht. »Sie müßte, nein sie muß ihre Gründe haben, sich das Bügeln so schwer zu machen« (S. 184), denkt sich Lothar, der an eine sinnhafte Interpretation des Beobachteten glaubt, das sich ihm, wie zuvor die Buchstabenkette, nur noch nicht erschließt.

Die absurde Bügelszene, so ist aus ihrem Fortgang zu schließen, ist Teil eines Buß- und Racherituals, das im folgenden Kaffeekränzchen mit den drei Schwestern der Großmutter – Martha, Maria und Minna – endgültig ins Groteske kippt. Doch einen festen Interpretationsboden gibt es in dieser Szene nirgends, das ist wohl auch ein Grund, daß sie in den lexikalischen Inhaltsbeschreibungen des Romans gerne ausgespart bleibt.[7] Eigentlich beginnt das sonntägliche Zeremoniell bereits Schlag Mitternacht.[8] Der kleine Lothar erwacht und beobachtet, wie die alte Frau, die sich als seine Großmutter bezeichnet, »mühelos einen Herrn« ins Nebenzimmer schleppt; er ist leblos und trägt einen schwarzen Anzug, weißes Hemd, Zylinder und

---

7 Z.B. in *Kindlers Neues Literatur Lexikon*, hg. von Walter Jens, München 1996, S. 158.

8 Dorothe Cremer interpretiert diese Szene als Paraphrase auf die Nachtwache Jesu am Ölberg. Dorothe Cremer: »*Ihre Gebärden sind riesig, ihre Äußerungen winzig«. Zu Gisela Elsners* Die Riesenzwerge. *Schreibweise und soziale Realität der Adenauerzeit*, Herbholzheim 2003, S. 68.

weiße Handschuhe. Die hagere Frau, die einzig von ihren klobigen Schuhen, die ein schmatzendes Geräusch hervorrufen, »am Hinauffliegen« gehindert wird, so will es Lothar scheinen, verfügt offenbar über erstaunliche Kräfte. Dann holt die Großmutter aus der Kiste unter dem Herd – dem Hort des häuslichen Heims – einen Hammer, geht damit ins Nebenzimmer, und Lothar hört Hammerschläge und sonstiges Hantieren.

Nach der Bügelfron holt die Großmutter aus derselben Kiste unter dem Herd eine Zange und verschwindet wiederum im Nebenzimmer, das sie jedes Mal sorgfältig abschließt. Daraufhin bereitet sie Kaffee und deckt den Tisch in einem Raum, der deutlich sakral wirkt: An einem Tischende stehen zwei Kerzen, und an den Wänden hängen offenbar Heiligengemälde, denn die Köpfe der Figuren »umrahmen runde dicke goldfarbene Kreise« (S. 187). Dann kommen die »Gäste« – auch Familienbesuch unterlag den Benimmregeln der 50er Jahre zufolge strengen Ritualen –, und die vier Schwestern stelzen alle in der Art der Großmutter zum gedeckten Tisch. In unterschiedlichem Ausmaß sabbernd und wackelnd sitzen die vier alten Damen in festgelegter Sitzordnung am Eßtisch, Kuchen und Kaffee wie Brot und Wein verspeisend. Verbunden sind sie untereinander auch mit dem physischen Detail der geknickten Haltung des Ringfingers, an dem sich jeweils zwei (Ehe?-)Ringe befinden. Den Vorsitz hat der mumifizierte oder nachgebildete Großvater inne, die beiden Kerzen brennen rechts und links von ihm. Steif steckt er in einem Stuhl, dem die Sitzfläche entnommen worden ist, festgebunden an der Rückenlehne. Er trägt die von der Großmutter frisch aufgebügelte Anzughose, weißes Hemd und weiße Handschuhe. Die feierlichen, mit biblischen Anspielungen verbrämten Reden der vier Damen kreisen um die gemeinsame Errettung des Großvaters, den sie einst, wie in einer Paraphrase auf die Kreuzesabnahme, geborgen haben und nacheinander bei sich zu Hause versteckt hielten. Die Reden der Schwestern werden zunehmend blasphemisch, in Ausrufen wie »Der Herr soll mein Zeuge sein« wird die Anrede für den Großvater als »der Herr« mit dem Gottesnamen direkt überblendet. Die Frage, die die vier alten Damen dem steifen »Herrn« stellen, kann als Anspielung auf die Befragung Christi durch Pilatus interpretiert werden, wobei die »Rolle der vier Schwestern (...) hierbei nicht eindeutig (ist). Von hingebungsvollen Anbeterinnen wechseln sie in verschiedene andere Figuren: mal scheinen sie sich mit der Person des verfolgten, gemarterten Christus zu identifizieren, mal mit der des Pilatus und schließlich mit dem Volk, das den Tod Jesu fordert.«[9] Folgerichtig mündet der Akt

---

9 Ebd.

in der rituellen Kreuzigung: Die Damen schaffen den steifen »Herrn« zurück ins Nebenzimmer und nageln ihn, diesmal gemeinsam, an das Kreuz, das zwischen zwei auseinandergerückten Betten an der Wand hängt. Daß der Verlauf der Mitternachtsübung der Großmutter wie des Kaffeekränzchens danach jeden Sonntag der gleiche ist, wird jeweils über einen Kommentar von außen eingespielt: »›Herrgott‹, höre ich einen Mieter schreien, ›immer diese Hämmerei!‹«

Enthalten ist in dieser Szene natürlich auch Religionskritik im engeren Sinn: Daß der christliche Glaube mit der Kreuzigungsgeschichte auf einem Menschenopfer basiert, heißt auch, daß die Voraussetzung für die eigene Frömmigkeit die Vernichtung eines anderen ist.[10] Doch auffällig ist, daß dieses völlig ins Groteske überdrehte Zeremoniell scheinbar banale Alltagshandlungen wie das umständliche Bügeln mit in religiösen Zusammenhängen eingeübten, ritualisierten Verhaltensschemata zusammenschließt, in deren Zentrum Schuld und Buße stehen. Es geht um eine nicht näher benannte, vergangene Schuld rund um die Figur des Großvaters. Daß die Schuld hier im Zusammenhang mit der NS-Vergangenheit zu denken ist, scheint zumindest wahrscheinlich. Versucht man das rituelle Gerank auszublenden, das im wesentlichen der Passionsgeschichte entstammt, könnte als realer Kern der Geschichte etwa folgendes übrigbleiben: Der Großvater war als aktiver Nationalsozialist nach 1945 kurzfristig einer Verfolgung ausgesetzt; die Großmutter versuchte auf Distanz zu gehen – darauf deutet das zerschnittene Hochzeitsbild hin –, während ihre Schwestern der Ideologie wie dem Schwager die Treue hielten. Immerhin waren es in der blasphemischen Version der Heilsgeschichte zuerst die Schwestern, die den »Herrn« geborgen und errettet haben, und sie bezeichnen die Großmutter einmal sogar als Heuchlerin. Auch das Schwanken zwischen Buße und Rache, das vor allem im Verhalten der Großmutter deutlich wird, könnte in dieser einstigen Double-bind-Situation – Loyalität mit dem Gatten oder dem Gewissen beziehungsweise Retten des eigenen Lebens und das ihrer Kinder – seinen Ursprung haben.

Die immer gleiche Wiederholung immer gleicher Verhaltensweisen wie im sonntäglichen Zeremoniell der Großmutter und ihrer Schwestern, die sich von einem möglicherweise sinnhaften Ursprung auch radikal entfernen können wie in der Bügelstunde der Großmutter, spielt mit sadomasochistischen Aggressions- und Erlösungssehnsüchten. Die »Heilsgeschichte«, die dem rituellen Zeremoniell zugrunde liegt, ließe sich im Sinne Roland Barthes' als familiärer Mythos interpretieren. »Der

---

10 Ebd, S. 69.

Mythos«, so Barthes, »wird nicht durch das Objekt seiner Botschaft definiert, sondern durch die Art und Weise, wie er diese ausspricht«[11]; er speist sich dabei aus konfusem Vorwissen mit unbestimmten, unbegrenzten Assoziationen, die in das Dargestellte einfließen. »Indem er Form wird, verliert der Sinn seine Beliebigkeit; er leert sich, verarmt, die Geschichte verflüchtigt sich, es bleibt nur noch der Buchstabe«, hier die Textur der Zeremonie, denn das eigentliche Prinzip des Mythos ist es, »Geschichte in Natur« zu verwandeln.[12] Auch, was die Großmutter inszeniert, ist nicht hinterfragbare Form geworden, deren historische Entstehungsgeschichte und inhaltliche Bezüge getilgt wurden, mit dem Subtext »Was bleibt, das bleibt« – in Anspielung auf Barthes' These von der Vorliebe des Kleinbürgertums für tautologische Schlüsse.[13] Blickt man auf die ganze Szene, die den beobachtenden kleinen Jungen einschließt, enthält das Kapitel »Der Herr« den Verweis auf Automatismen in der Tradierung innerfamiliärer Schuldverstrickungen, die – wie hier – auch mit einem starren Konzept von Alltagsritualen ›bewältigt‹ werden können. Was sich hinter der verschlossenen Tür des Nebenzimmers regelmäßig abspielt, verlängert sich zwangsweise in das Leben des kleinen Lothar hinein. Was er beobachtet, muß ihm als Normalität, also als ›natürlich‹ erscheinen – »Sie müßte, nein sie muß ihre Gründe haben« –, solange er es nicht verstehen kann und solange ihm keine Vergleichsbeispiele und Beurteilungskriterien zur Verfügung stehen. Im ritualisierten (kleinbürgerlichen) Alltag der 50er Jahre liegen Überlebenshilfe und menschliche Abgründe eng nebeneinander.

Daß selbst mit scheinbar unbedeutenden Alltagsgesten immer auch Werthaltungen übernommen werden, spielt Gisela Elsner in ihrem Roman *Der Nachwuchs*[14] durch. Der junge Nöll verweigert sich der von seinen Eltern mühsam aufgebauten, gerade erst abbezahlten Eigenheimidylle durch übermäßige Gewichtszunahme und Bartlebysche Untätigkeit. Wie der kleine Lothar beobachtet auch der pubertierende Verweigerer seine Umwelt scharf, und er sieht zum Beispiel aus den Ritualen im Badezimmer der Nachbarn Eibisch, wie die elterlichen Waschgewohnheiten unbewußt, aber nicht folgenlos vom jungen Eibisch übernommen werden. Mit der im Badezimmer Eibisch von den Eltern auf den Sohn übertragenen Reihenfolge, wie die Körper eingeseift und abgetrocknet werden, so lautet unausgesprochen Nölls Erkenntnis, übernimmt der junge Eibisch deren Haltung zum Leben und zur Frage der Eigenheimsiedlung – in

---

11 Roland Barthes: *Mythen des Alltags*, Frankfurt a.M. 1998, S. 85.
12 Ebd., S. 113.
13 Ebd., S. 27.
14 Gisela Elsner: *Der Nachwuchs*, Roman, Reinbek 1968.

der im übrigen ein Großteil der Schüler (Eibisch, Feff) zu wohnen scheint, die Oberlehrer Leinlein mit seiner Knopfgeschichte quälte. Nöll verweigert sich den von seinen »Ernährern« vorgelebten Werthaltungen und ihrer Forderung an ihn, endlich ins »Leben zu treten«, also zu arbeiten. In der Schlußszene tut er es doch, als Hilfskraft in einem Büro ist er für den »Vervielfältigungsapparat« zuständig. Dort sitzt er und beobachtet den Vorgang der Vervielfältigung der Papiere, dessen Prinzip er aus seinen Menschenbeobachtungen in der Eigenheimsiedlung als Vervielfältigung der immer gleichen Lebenshaltungen schon gut kennt.

Bernhard Jahn

Fliegeralarm

oder Die Freilegung der bösen Familie mit Hilfe von Bomben

Die bei erfolglosen Werken gern gebrauchte Wendung vom Buch, das zur falschen Zeit erschienen sei, transportiert insofern etwas Tröstliches, als in ihr immerhin die Überzeugung von der Möglichkeit eines idealen Zeitpunkts der Veröffentlichung und Rezeption mitschwingt. Gisela Elsners Roman *Fliegeralarm*[1] erschien 1989 sicherlich zum falschen Zeitpunkt. Der Untergang der DDR absorbierte im Verlauf des Jahres alle politische Aufmerksamkeit, und die durch W. G. Sebald entzündete und durch Jörg Friedrich zu einem medialen Flächenbrand vergrößerte Debatte um den alliierten Bombenkrieg war noch nicht geführt.

Nun, nachdem der voyeuristische Bedarf an verkohlten Leichen fürs erste gedeckt scheint und sich hier und dort schon ein wohliges Opfergefühl breitzumachen beginnt, wäre erneut zu fragen, ob denn nicht wenigstens jetzt der richtige Zeitpunkt für Gisela Elsners Buch gekommen sei. Doch obschon der Roman geeignet ist, den einen oder anderen blinden Fleck in der bundesrepublikanischen Diskussion um den Bombenkrieg aufzudecken, würde er wohl auch heutzutage keinen großen Anklang finden, jetzt indes aus anderen Gründen. Der Roman verweigert eine identifikatorische Lektüre, er irritiert mit der Weise, auf die er das Thema Bombenkrieg behandelt. Sebald würde Elsners Roman, wenn er ihn gekannt hätte, sicher als Beleg für seine These angeführt haben, daß dem Thema Bombenkrieg in der deutschen Nachkriegsliteratur ausgewichen worden sei. Auf den ersten Blick jedenfalls geht es in *Fliegeralarm* eher um die Familie als eine soziale Struktur, die das Böse erzeugt, weniger um die Frage nach den Tätern und Opfern des alliierten Bombenkriegs.

Doch das Thema der Täter und Opfer bleibt über die Familienthematik im Roman präsent, da Elsners Text mit der Inszenierung von Täter- und Opferrollen spielt. Damit stellt der Roman genau jene Differenz in den Mittelpunkt, die sich in der Diskussion um den Bombenkrieg als heftig umstritten erwies. Es ist die Scheidung in Täter und Opfer, die feinsäuberliche Trennung von Schuld und Unschuld, die in diesem Roman parodiert wird. Auf die Funktion dieser Destabilisierung

---

1 Zitiert wird im folgenden nach der (höchst druckfehlerbehafteten) Ausgabe: Gisela Elsner: *Fliegeralarm,* Roman, Wien, Darmstadt 1989.

moralischer Wertungen wird am Ende des Aufsatzes näher einzugehen sein.

Zuvor sollen die Verfremdungstechniken, mit denen die Autorin arbeitet, näher vorgestellt werden. Die Enttäuschung, die der Roman beim Erscheinen auslöste, hängt zunächst mit dem Enttäuschen einer Erwartungshaltung zusammen. Fatalerweise weckt der Klappentext des bei Zsolnay veröffentlichten Romans genau jene Erwartungen, die der Roman selbst dann nicht einlöst. Erwartet wurde ein autobiographisch unterfütterter Roman, der von der Kindheit der Autorin im Nationalsozialismus und im Krieg handelt. Solche Romane hatten gerade auch Autorinnen in den 70er und 80er Jahren geliefert, etwa Christa Wolf mit *Kindheitsmuster* 1976 oder Luise Rinser mit *Den Wolf umarmen* 1981. Die Wirkung dieser Bücher beruhte nicht zuletzt auf der Suggestion eines autobiographischen Substrates. Im Klappentext zu *Fliegeralarm* heißt es: »Ein Roman, der vor Authentizität birst. Zum ersten Mal erleben wir den Bombenkrieg aus kindlicher Sicht. Hier ist wohl manches vom persönlichen Erleben der Autorin (die bei Kriegsende gerade acht Jahre alt war) mit eingeflossen.«

Wenn man nicht annehmen will, daß der Klappentext einer bewußten Strategie der Irreführung dient, dann dürfte sich wohl kaum ein zweites Beispiel für eine derart mißlungene Charakterisierung finden lassen. Denn nichts liegt dem Roman ferner, als Authentizität und persönliches Erleben zu evozieren. Im Gegenteil, Elsner parodiert diesen autobiographischen Anspruch, indem sie die Namen aufs Durchsichtigste verrätselt und damit eine falsche Fährte legt: So heißt die Ich-Erzählerin Lisa Welsner, und die Romanhandlung spielt in der Reichsparteitagsstadt N., Welsners Vater arbeitet im Diemens-Werk. Wer diese Hinweise für Authentizitätssignale hält, wird schnell enttäuscht, denn die Freundin Lisas heißt Gaby Glotterthal, und eine Verbindung zur Schwarzwaldklinik stellt sich insofern her, als Gabys Vater Obermedizinalrat ist und einem Lazarett vorsteht. Ein weiterer Name, der des Blockwarts Beselsöder, verweist auf die Figur des Künstlers Beselsöder in Elsners 1977 erschienenem Roman *Der Punktsieg*. Das Spiel der verschlüsselten Namen parodiert den Authentizitätsanspruch autobiographischen Schreibens, es verweist nicht auf eine wie auch immer geartete Realität, sondern verbleibt zirkulär in der Medialität von Filmen und Romanen.

Konsequent verweigert sich Elsner allen Ansprüchen eines realistischen, psychologischen Erzählens. Ihre Figuren sind apsychologisch konzipiert. Das wird schon auf den ersten Seiten deutlich, wenn die fünfeinhalbjährige Lisa und ihr vierjähriger Bruder Kicki mit einem nicht altersadäquaten Verhalten,

Denken und Sprechen eingeführt werden. Der Sprachduktus des Romans ist durchgehend nicht-realistisch gehalten, eine Differenzierung zwischen den verschiedenen Figurenreden und der Erzählerstimme fehlt. Es herrscht eine aus politischen Phrasen und deren permanenter Wiederholung zusammenmontierte Kunstsprache vor, die sowohl die Ich-Erzählerin wie auch die Figurenreden bestimmt. Leitmotivisch kehren Wendungen wie »Hart wie Kruppstahl, zäh wie Leder, flink wie Windhunde« im Buch permanent wieder. Die Phrasen stammen zu einem Großteil aus der NS-Propaganda. Elsner hatte sich am Beispiel der Kriegslieder mit der NS-Propaganda in einem Aufsatz auseinandergesetzt, der in dem Band *Gefahrensphären* ein Jahr vor *Fliegeralarm* erschienen war. Zahlreiche Zeilen aus den im Aufsatz zitierten Kriegsliedern finden sich denn auch im Roman. Bei ihrer Analyse der Kriegslieder fällt Elsner deren, wie sie schreibt, »heitere Brutalität«[2] auf, die »gnadenlos heitere Vernichtung des Gegners«[3]. Der Krieg gewinne in den Kriegsliedern »den Charakter eines gigantischen Happenings«, trage einen nachgerade »neckischen Charakter«.[4] *Fliegeralarm* nimmt die Kriegslieder der NS-Propaganda beim Wort und konstruiert sich aus deren Sprache und Geist die den Liedern gemäßen Romanfiguren. Besonders die heitere Brutalität und das Motiv der Furchtlosigkeit vor dem Tod sind als Maximen, die das Handeln der Kinder bestimmen, aus den Stereotypen der Kriegslieder abgeleitet. Der sprachlich artifizielle Charakter des Romans entsteht also aus der konsequenten Weiterführung und dem konsequenten Zu-Ende-Entwickeln propagandistischen Materials, wobei das zentrale Mittel der Propaganda, die permanente Wiederholung,[5] ebenfalls und bis zur Ermüdung vom Roman vorgeführt wird. Die von Elsner verwendete Technik, aus Alltagsphrasen der Werbung und der politischen Propaganda eine Kunstsprache zu basteln, um ebendiese Alltagsphrasen zu dekuvrieren, findet sich in den 70er und 80er Jahren vor allem auch bei Elfriede Jelinek.[6]

Ein zweites Verfahren, die Sprache und damit das Geschehen zu verfremden, kommt hinzu. Es sind Märchenelemente, die als Versatzstücke in die Handlung eingebaut werden, besonders aus Grimms »Märchen von einem der auszog, das Fürchten zu lernen«[7]. Aber auch Zaubermotive spielen eine Rolle. Lisa ist

---

2 Gisela Elsner: *Gefahrensphären*, Aufsätze, Wien, Darmstadt 1988, S. 212.
3 Ebd., S. 208.
4 Ebd., S. 219.
5 So Elsners eigene Analyse in *Gefahrensphären*, a.a.O., S. 202.
6 Etwa Elfriede Jelineks Roman *Die Liebhaberinnen*, Reinbek 1975.
7 Vgl. Heinz Rölleke: »Fürchten lernen«, in: *Enzyklopädie des Märchens. Handwörterbuch zur historischen und vergleichenden Erzählforschung*, hg. von Rolf Wilhelm Brednich, Bd. 5, Berlin, New York 1999, Sp. 584–593.

eine Zauberin, der es nicht gelingt, Rudi Tründel in seine eigentliche Gestalt, die eines Untermenschen, zurückzuverwandeln. Sie selbst spielt zudem mit dem KZ-Abenteuer das »Märchen von einem der auszog, das Fürchten zu lernen« nach. Insgesamt lassen sich die aus der Perspektive Lisas erzählten Geschehnisse in den Worten von Lisas Mutter als »Greuelmärchen« (S. 164) charakterisieren, und dies in des Wortes doppelter Bedeutung: Lisas Mutter hält den Bericht über das von ihren Kindern eingerichtete KZ für eine unglaubliche Erfindung, und der Roman läßt tatsächlich offen, ob die sadistische Geschichte nicht lediglich Lisas Phantasie entsprungen ist. Ein Greuelmärchen ist die Handlung aber in jedem Fall auch insofern, als hier eine äußerst grausame Geschichte voller Greuel präsentiert wird, in der die Täter mit der Selbstverständlichkeit von Märchenfiguren handeln. Das Grausame und das Böse ist wie im Märchen ganz unbefangen gegeben: »In keiner anderen Erzählgattung wird so viel geköpft, zerhackt, gehängt, verbrannt oder ertränkt wie im Märchen.«[8]

Eine dritte Bedeutungsebene gewinnt das Wort »Greuelmärchen«, wenn man es als intertextuellen Verweis auf die Dramatik Bert Brechts in den 30er Jahren liest. Mehrere seiner Stücke, die sich mit der NS-Thematik beschäftigen, tragen die Gattungsbezeichnung »Greuelmärchen«, so etwa *Die Spitzköpfe und die Rundköpfe oder Reich und reich gesellt sich gern* von 1933.[9]

Aufgrund der genannten Konstruktionsprinzipien dürfte vorab schon klar sein, daß die Kinder als Hauptfiguren des Romans nicht psychologisch-realistisch dargestellt werden, sondern der Retorte der politischen Propaganda entsprungene Kunstfiguren sind, die wie NS-Zombies wirken. Obwohl die Signale für eine nicht-realistische Darstellungstechnik im Roman überdeutlich sind, so daß trotz des Klappentextes schon nach den ersten Seiten alle Zweifel ausgeräumt sein müßten, wurde *Fliegeralarm* in nahezu allen Rezensionen auf das Groteskeste mißverstanden.[10] Man warf der Autorin fehlenden Realismus, mangelnde Authentizität und vor allem Fehler bei der Darstellung der kindlichen Psyche vor. Die Rezensionen, von denen nur eine einzige sich überhaupt näher auf die Konstruktionstechnik des Buches einläßt,[11] verdeutlichen vor allem die Erwartungshaltung der Rezensenten: Das Thema Bombenkrieg, ja mehr noch

---

8 Lutz Röhrich: Artikel »Grausamkeit«, in: *Enzyklopädie des Märchens*, Bd. 6, a.a.O., Sp. 97–110, hier S. 98.
9 Vgl. auch Heiner Müllers 1977 publiziertes »Greuelmärchen« *Leben Gundlings Friedrich von Preußen Lessings Schlaf Traum Schrei*.
10 Zu den Rezensionen vgl. Christine Flitner: *Frauen in der Literaturkritik. Gisela Elsner und Elfriede Jelinek im Feuilleton der Bundesrepublik Deutschland*, Pfaffenweiler 1995, zu *Fliegeralarm*: S. 92 ff.
11 Es ist eine Rezension von Helmut Peitsch in der »Deutschen Volkszeitung«, 19.5.1989, S. 10.

Kinder im Bombenkrieg, sollte nur auf eine bestimmte Art und Weise, eben auf die authentisch-autobiographische, behandelt werden dürfen.

Die Chancen und der ästhetische Gewinn der tatsächlich vorliegenden artifiziell-satirischen Behandlung des Themas wurden in den Kritiken nicht einmal angedeutet, geschweige denn ausgelotet. Möglicherweise hängt das auch mit der unterschwelligen Erwartungshaltung an weibliches Schreiben zusammen, von dem gerade in den 70er und 80er Jahren erwartet wurde, daß es authentisch-autobiographisch zu sein habe und aus dem Bauch heraus entstehen solle, sich keinesfalls aber satirisch artifiziell und distanzerzeugend gebärden dürfe.[12]

Die Erwartungshaltung könnte, von der späteren Bombenopferdebatte her betrachtet, allerdings auch mit dem Wunsch der Rezensenten und Rezensentinnen zusammenhängen, wenigstens die Kinder als Opfer, eben als unschuldige Opfer des alliierten Bombenkriegs dargestellt zu sehen. Genau dieser Perspektive verweigert sich Elsner, ja sie parodiert sie sogar und enttäuscht damit abermals die Erwartungen der Leser.

Aufgabe einer Textanalyse muß es daher vor allem sein, nach der Leistungsfähigkeit gerade der satirisch-artifiziellen Behandlung des Themas zu fragen.[13] Obwohl das Thema Bombenkrieg neu ist im Werk Elsners, ist der Roman durch die Verwendung satirischer Techniken und Bildbereiche gekennzeichnet, die auch im sonstigen Werk der Autorin anzutreffen sind. Es sind zwei zentrale Bildbereiche, die in *Fliegeralarm* wieder aufgegriffen und anhand des Themas Bombenkrieg neu gewendet werden: Als erstes ist hier die Metapher des Hauses und des Hausbaus als einer Chiffre für die Existenzgründung zu nennen, eine Existenzgründung, die freilich gleichermaßen im Spießigen wie im Abgründigen angesiedelt wird. In Elsners Romanen, von *Der Nachwuchs* bis zu *Das Windei*, geht es immer wieder um den Eigenheimbau, der das Eigene umfassen und garantieren soll, jedoch nur ins Uneigentliche und Leere zu führen vermag.

Fliegeralarm greift diese Bildlichkeit auf und kehrt sie dem Thema entsprechend um. Es geht nicht mehr um den Aufbau, sondern um die Zerstörung des Hauses und damit der familiären Existenz. Die Angst der Mutter um »unser Häuschen, unser wunderschönes Häuschen« (S. 36) wird kontrapunktiert durch die Freude der Kleinkinder über jedes zerstörte Haus, das ihnen erst als Ruine eine gemäße Behausung in Form eines Abenteuerspielplatzes bietet. Die Kleinkinder richten die

---

12 Vgl. die diesbezüglichen Überlegungen von Sigrid Weigel: *Die Stimme der Medusa. Schreibweisen in der Gegenwartsliteratur von Frauen*, Reinbek 1989, S. 169 ff.
13 Zur Debatte, inwieweit die NS-Zeit überhaupt satirisch behandelt werden könne, vgl. Stephan Braese: *Das teure Experiment. Satire und NS-Faschismus*, Opladen 1996. Elsners Texte werden hier allerdings nicht berücksichtigt.

Hausruine detailversessen ein, wobei eine kaputte Kloschüssel zu einem besonders ästimierten Prunkstück der Einrichtung wird (vgl. S. 21). Die zerbombten Häuser mit ihren demolierten Einrichtungsgegenständen werden zur adäquaten räumlichen Chiffre für die Existenz der Kinder. Das kaputte Haus markiert die kaputte, das heißt böse Existenz schlechthin. Die Kleinkinder werden in einem der Ruinenhäuser ein KZ einrichten und dort einen Jungen zu Tode quälen. Durch das kaputte Haus, dem sozusagen die verschönernde Fassade, aber auch die Stabilität weggebombt worden ist, enthüllt das Wohnenwollen im Haus, das Leben in der häuslichen Gemeinschaft, seinen abgrundtief bösen Kern. War die Wohnung in Elsners Erzählung »Die Zerreißprobe« dadurch unsicher geworden, daß sie der Ich-Erzählerin keinen Halt für die Existenz bieten konnte, weil die Wohnung sich ständig veränderte, so fehlt dieser Halt den Ruinen in *Fliegeralarm* von vornherein. Sie stellen das Abgründige ganz selbstverständlich zur Schau: Wer sie betritt, kann von einem Stockwerk durch ein Loch in den Keller fallen.

Der Bombenkrieg initiiert ein perverses Schöner-Wohnen-Programm und dient als Vergrößerungsglas, in dem die Grundstrukturen des menschlichen Verhaltens sichtbar werden, durch keinerlei Scheinmoral geschminkt. Ähnlich fungiert auch die Jagdmetaphorik und das Ambiente der Jagdhütte im Wald in dem nun endlich auch auf deutsch erschienenen Roman *Heilig Blut*.[14]

Der zweite aus dem Werk Gisela Elsners bekannte Bildbereich, der in *Fliegeralarm* aufgegriffen wird, ist jener der Mahlzeit und des Essens. Über die Funktion des Essens in der Literatur gibt es inzwischen eine reiche Sekundärliteratur, in der Elsners Texte allerdings nur am Rande berücksichtigt werden.[15] In *Fliegeralarm* sind es vor allem zwei Szenen, in denen das Thema Essen eine signifikante Rolle spielt. Zunächst ist hier das durch einen Bombenangriff unterbrochene Festmahl zu nennen (145 ff.). Lisas Vater hatte auf dem Land ein halbes Kalb eingetauscht, und die Eltern, die wegen der Repressionen durch den Lebensmittelhändler Wätz ein Hungerleben führen müssen, bereiten ein Festessen vor. Das Festessen soll zu einem kulturell überhöhten, rituell gestalteten Akt werden, der Vater badet vorher und kleidet sich festlich, die Tafel wird mit teurem Geschirr ge-

---

14 Zur Metaphorik des Romans vgl. das Nachwort von Christine Künzel in: Gisela Elsner: *Heilig Blut*. Roman, hg. von Christine Künzel, Berlin 2007, S. 239 ff., sowie den Beitrag in diesem Band, S. 77 ff.

15 Vgl. etwa Alois Wierlacher/Gerhard Neumann/Hans Jürgen Teuteberg (Hg.): *Kulturthema Essen. Ansichten und Problemfelder*, Berlin 1993. Schon in Elsners erstem Roman *Die Riesenzwerge* ist die Essensthematik zentral und strukturbildend. Vgl. Dorothe Cremer: »*Ihre Gebärden sind riesig, ihre Äußerungen winzig*«. *Zu Gisela Elsners Die Riesenzwerge. Schreibweise und soziale Realität der Adenauerzeit*, Herbolzheim 2003, S. 53 ff.

deckt (S. 149), doch dann kommt ein Bombenangriff dazwischen und beseitigt die zivilisatorische Camouflage des Eßaktes. Das Festessen wird durch ein animalisches Fressen im Luftschutzkeller ersetzt: »Die nun ringsum detonierenden Bomben brachten meine Mutter dazu, alle guten Tischsitten von vornehmen Menschen mit vornehmen Goldrandtellern, Vorlegegabeln und Silberbestecken an festlichen Eßzimmertischen zu mißachten. (...) (Sie streckte uns) die Goldrandplatte so tief hin, daß ich und Kicki mühelos mit beiden Händen je zwei Kalbsbratenscheiben grabschen konnten, die wir uns in unsere Mäuler stopften und schmatzend und rülpsend auffraßen« (S. 152). Die sozial distinguierende Funktion des Essens, die von Elsner vor allem im kurz zuvor entstandenen Roman *Das Windei* parodiert wurde,[16] ist unter den Bedingungen des Bombenkriegs nicht länger aufrechtzuerhalten. Essen wird zum barbarischen Akt.

Die zweite Szene, in der die Essensthematik bedeutsam ist, bildet die Fütterung eines von den Kindern zum Juden erklärten Jungen, dessen Vater als Kommunist in ein KZ eingeliefert worden war. Die Fütterungsszene bildet die Urszene des Essens. Weil Rudi Tründel gefesselt in einer Badewanne liegt und sich nicht bewegen kann, am Schluß dann auch körperlich zu schwach ist, um sich zu bewegen, füttern ihn die Kinder. Da der Gefangene nicht auf die Toilette gehen kann, muß er seine Ausscheidungen unter sich machen, das heißt er nimmt die Rolle eines Kleinstkindes ein. Daß er strukturell tatsächlich die Kind-Position in einer Familie erfüllt, wird durch das Rollenspiel der anderen Kinder deutlich. Lisa spielt die Ehefrau, Wolfgang Wätz, der Sohn des Lebensmittelhändlers, den Ehemann.

Die Fütterungsszene ist die Urszene des Essens, weil der Säugling auf die Eltern als Nahrungsbringer in einem fundamentalen Sinn angewiesen ist. Schon in dieser Urszene verbindet sich der Eßvorgang mit struktureller Gewalt[17] und Macht. Die Eltern besitzen gegenüber dem Säugling ein Maximum an Macht, nämlich Macht über Leben und Tod, eine Macht, die direkt an die Nahrungsvergabe gebunden ist. Außerhalb der Familie wiederholt sich diese Machtstruktur in der Gesellschaft: Wätz' Vater besitzt ein großes Lebensmitteldepot und nutzt seine Stellung als Essensverteiler, um eine ähnliche Macht über die schlangestehenden Bewohner des Stadtteils auszuüben.

---

16 In *Das Windei* sind es die immer trendgemäßen Restaurants, die der Protagonist und seine Gattin aufzusuchen bemüht sind, um sich ihrer Zugehörigkeit zur Oberschicht zu versichern. Vgl. die Beschreibung des Restaurants »Speckschwarte« in Gisela Elsner: *Das Windei*, Roman, Reinbek 1987, S. 114 ff.

17 Zum Begriff »Strukturelle Gewalt«, der von Johan Galtung stammt vgl. Christine Künzel: »Tot oder gezähmt. Gewaltbeziehungen in Gisela Elsners Romanen *Abseits* (1982) und *Die Zähmung* (1984)«, in: Robert Weninger (Hg.): *Gewalt und kulturelles Gedächtnis. Repräsentationsformen von Gewalt in Literatur und Film seit 1945*, Tübingen 2005, S. 111–127, hier S. 112 f.

Dementsprechend wird die Fütterung Rudi Tründels durch die Kinder als Gewaltakt beschrieben. Da Tründel sich permanent erbricht, wird ihm das Essen hineingezwungen. »Hör gefälligst auf, die Leckereien, die wir uns, wenn wir sie nicht für dich stehlen müssen, vom Munde absparen, dermaßen unverschämt zu erbrechen, herrschte ich ihn an, ehe ich ihm auseinanderzusetzen suchte, was für eine nervliche Belastung seine Versorgung in unserem WÄTZ-KZ für mich darstellte (...)« (S. 158).

Als die Kinder wegen einer Erkältung längere Zeit die Hausruine, in der sie Rudi Tründel gefangenhalten, nicht aufsuchen können, verhungert ihr Opfer im »Wätz-KZ«. Essen offenbart sich so als eine elementare Form von Macht, als Gewalt über Leben und Tod eines Mitmenschen. Da das Haus mit dem Leichnam Tründels bald darauf abermals von einer Bombe getroffen und nun völlig zerstört wird, verbirgt die Bombardierung das Verbrechen der Kinder. In einer ambivalenten Bewegung enthüllt der Bombenkrieg das Böse in den sozialen Strukturen und verbirgt es gleichzeitig.

Kehren mit dem Haus und der Essensthematik zwei zentrale Bildbereiche aus Elsners Schaffen in *Fliegeralarm* ein letztes Mal wieder, so ist dem Leser auch die im Roman angewandte Verfremdungstechnik schon aus früheren Werken vertraut. Vor allem im Roman *Die Zähmung* wird der Rollentausch als Verfremdungseffekt eingesetzt, um die Entstehung und Einübung von Geschlechterrollen zu hinterfragen. Gerade im Hinblick auf die Geschlechterrollen stellt der Rollentausch ein altes satirisches Verfahren dar, dem wir schon in der deutschen Literatur des Mittelalters und der Frühen Neuzeit begegnen, hier freilich eher mit der Wirkungsabsicht, traditionelle Rollenzuordnungen zu stabilisieren. Der Rollentausch ist Teil eines satirischen Grundmusters, der verkehrten Welt.[18]

In *Fliegeralarm* werden nun allerdings nicht die Geschlechterrollen getauscht – die Geschlechterthematik ist lediglich hinsichtlich der Einübung von geschlechterorientiertem Rollenverhalten bei den Vater-Mutter-Spielen der Kinder von Bedeutung –, getauscht werden vielmehr die Rollen von Tätern und Opfern beziehungsweise von Schuldigen und Unschuldigen. Der Tausch von Opfer- und Täterrolle ist literarisch weniger topisch als der Tausch der Geschlechterrollen, kam dafür aber in der Praxis der bundesrepublikanischen Nachkriegszeit umso häufiger vor. Auch in Elsners Romanen tauchen entsprechende Beispiele auf, wie Herr Kecker aus den *Riesenzwergen* oder der Lehrer Döperlich aus *Das Windei*, Figuren, die ihre Täterkarriere

---

[18] Vor allem Michail Bachtin hat dies in seinen Arbeiten zum Karneval herausgearbeitet.

während der NS-Zeit in den 50er Jahren mehr oder weniger erfolgreich in eine Opferrolle umdeuten.

Die Umkehrung in *Fliegeralarm* ist insofern ungewöhnlich, als hier nicht Täter in Opfer, sondern Opfer in Täter verwandelt werden. Traditionellerweise gelten Kinder, zumal, wenn es sich um Fünf- bis Sechsjährige handelt, als unschuldig. Auch im juristischen Sinn sind sie nicht schuldfähig. Im Roman werden sie explizit als »unschuldige Kinder« (S. 137) angesprochen. Unschuldig sind die Kinder allerdings nur in dem Sinne, daß sie sexuell noch nicht aufgeklärt sind (S. 13, 64). In Elsners Roman verkörpern die Kinder das Böse schlechthin. Außerhalb ihrer Kindergruppe legen sie eine zynische Asozialität an den Tag, die sich etwa darin zeigt, daß sie sich in einem karnevalesken Aufzug als Vollwaisen ausgeben, um das Mitleid der Fahrgäste in der Straßenbahn nicht nur herauszufordern, sondern auch zu verspotten. Die zynische Asozialität zeigt sich aber vor allem in ihrem Verhältnis zu den eigenen Eltern. Sind es in den meisten Romanen Elsners die Vertreter der Elterngeneration, von denen die Gewalt und die Begründung repressiver Strukturen ausgeht, so sind die Eltern in *Fliegeralarm*, der Logik des Rollentausches gemäß, vergleichsweise unschuldig. Zumindest die Eltern von Lisa und Kicki werden, wenn schon nicht als gute, so doch zumindest als politisch korrekte Eltern gezeichnet. Sie lehnen den Nationalsozialismus ab und versuchen sich in einer etwas blassen Rolle als vertrottelte innere Emigranten. Genau dies zieht ihnen den Haß der Kinder zu. In der aus Versatzstücken der NS-Propaganda montierten Sprache der Kinder hört sich das dann so an: »Ohne verschüchtert vor diesem feigen Zivilisten und diesem ruchlosen Vaterlandsverräter, den wir unseren Vater nennen mußten, oder vor diesem liederlichen Weibsbild zurückzuweichen, das wir unsere Mutter nennen mußten, obwohl sich dieses Weibsbild mit einem feigen Zivilisten und ruchlosen Vaterlandsverräter, mit dem sie unserer Meinung nach etwas weitaus SCHLIMMERES als RASSENSCHANDE trieb, auf eine Art und Weise eingelassen hatte, die wir nicht als Ehe respektierten (...)« (S. 81 f.).

Gegen Ende des Buches verurteilt Wolfgang Wätz in seinen größenwahnsinnigen Phantasien Lisas Vater zum Tod und ihre Mutter zu lebenslänglichem Zuchthaus (S. 204). Auch der Spielgefährte Leo Zöpel ergeht sich in der Vorstellung, seinen Vater zu töten (S. 160). Die Tötungsphantasien der Kinder kehren die sonst in den Romanen Elsners anzutreffende Ordnung um: Hier wird die Generation der Kinder regelmäßig von der Generation der Eltern geopfert, am unverhülltesten in *Heilig Blut*, wo der junge Gösch von den Freunden seines Vaters erschossen wird, verhüllter in *Abseits*, wo die Protagonistin letztlich an der Ordnung der Eltern, die durch den Ehemann perpetuiert wird, zerbricht. Doch der Verkehrungslogik zum Trotz wird auch in *Fliegeralarm* ein Kind geopfert. Lisa Welsners Beziehung ist nicht nur zu ihren Eltern gestört, sondern auch zu ihrem »Kind«, dem zum Juden erklärten Rudi Tründel. Dieses »Kind« wird nicht nur aufs Brutalste mißhandelt, es muß am Schluß verhungern. Rudi Tründel fungiert als Sündenbock *par excellence*.

Bei ihrem Rollenspiel überblenden Lisa Welsner und Wolfgang Wätz die familiären Rollen von Mann und Frau beziehungsweise Vater und Mutter mit öffentlichen Rollen. Wätz spielt gleichzeitig einen SS-Mann und KZ-Kommandanten, das Mädchen die Rolle einer KZ-Aufseherin. Familie und KZ werden auf diese Weise verbunden und zu einer Struktur zusammengefügt. Tründel als Opfer ist Kind und Jude zugleich. Die Täter sind Eltern und KZ-Betreiber in einem. Mit dieser Überblendung familiärer und politischer Strukturen verdeutlicht der Roman, daß die säuberliche Scheidung in einen schuldfreien Privatraum der Familie und einen schuldbeladenen öffentlichen Raum der Politik zu einfach ist. Dies ist allerdings im Jahr 1989 keine neue Erkenntnis mehr, sondern wiederholt ältere Thesen der Sozialforschung, wie sie schon Adorno in seinen Studien zum autoritären Charakter aus dem Jahre 1950 vertreten hatte.[19]

Ein Aspekt des Romans führt indes über die traditionelle Verbindung zwischen autoritärer Familie und autoritärem Staat und deren jeweiliger Gewaltpraxis hinaus und macht das Buch für die gegenwärtige Diskussion um die Opfer des alliierten Bombenkriegs aktuell. Dies betrifft die Frage nach der *Inszenierung* von Opferrollen. In keinem Buch von Elsner wird das changierende Spiel mit den Täter- und Opferrollen derart ins Extrem getrieben wie in *Fliegeralarm*. Die *eo ipso* unschuldigen Kinder, eben noch sadistische Täter, verstehen es geschickt, sich als Bombenkriegsopfer zu inszenieren, die vorspiegeln, bei einem Bombenangriff beide Eltern verloren zu haben, um auf diese Weise aus dem Mitleid der Zuhörer Kapital zu schlagen (S. 132). So etwa in der Straßenbahn, als Wätz mit einem vom Vater gestohlenen 1000-Markschein seine Fahrkarte bezahlen möchte: »Woher hast du denn diesen Geldschein, wollte der Schaffner voller Verblüffung von ihm wissen. – Ich habe ihn in der Brieftasche meines verschütteten Vaters gefunden, entgegnete ihm mein MANN. – Das muß ja entsetzlich für diesen armen Jungen gewesen sein, sich die Brieftasche seines verschütteten Vaters aushändigen zu lassen, rief ein weiterer Fahrgast« (S. 130). Wenig später heißt es dann in einem Spielzuggeschäft: »Diese bejammernswerten Geschöpfe scheinen noch unter der Wirkung

---

19 Vgl. Theodor W. Adorno u. a.: *Studies in the Authorian Personality*, New York 1950.

1962

1964

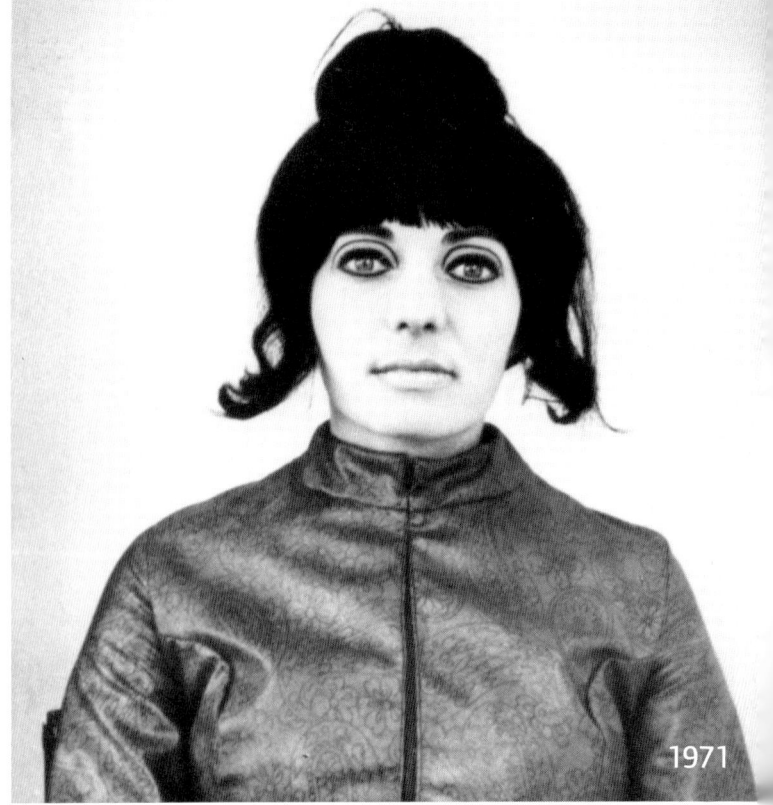

1971

1982

1982

1982

des Schocks zu stehen, in den sie der Tod ihrer Eltern versetzt hat, sagte die Geschäftsführerin zu den beiden weinenden Verkäuferinnen (...)« (S. 143).

Die Kinder inszenieren sich abwechselnd als traumatisierte Opfer oder als durch die Bombenangriffe verrohte Kinder (S. 34). All die im Zusammenhang mit dem Bombenkrieg vorgebrachten psychologischen Erklärungsmodelle handhaben sie virtuos, wenn es um die Inszenierung der Opferrolle geht. Dies hält sie indes nicht davon ab, sich in der Täterrolle auszuleben. Indem der Roman sich einer psychologischen Erzählweise verweigert, parodiert er zwangsläufig auch die psychologischen Erklärungen für die Phänomene. Die Traumatisierungsthese verwandelt sich so unter der Hand von einer psychologischen Erklärung zu einer ökonomischen Strategie.

Bedenkt man, daß gerade W. G. Sebald der Traumatisierungsthese anhing und die Gründung der Bundesrepublik zu einem mythischen Geschehen umdeutete, das nur über den vergessenen Bombenopfern stattfinden konnte,[20] dann wirkt Elsners Roman auch heute noch erfrischend ideologiekritisch. Zwar ist es prekär, die Rolle von Opfern und Tätern derart zu verwischen, wie es der Roman vornimmt, denn im rechtsradikalen Denken sind allemal die Opfer schuld und nicht die Täter, aber der Roman schärft zumindest das Gehör für die falschen Untertöne in der Opferdebatte, zeigt er doch, daß auch Täter die Opferrolle perfekt zu spielen vermögen.

Elsners Roman thematisiert das Gewaltverhältnis von Tätern und Opfern jedoch nicht nur auf der Inhaltsebene, sondern entfaltet aufgrund seiner Konstruktionsprinzipien eine performative Eigendynamik, dergestalt, daß seine Lektüre zu einem Gewaltverhältnis zwischen Text und Leser führt. Der Leser des Textes wird zu einem Opfer, das die Gewalt, die vom Text ausgeht, erleidet. Gerade im Zusammenhang mit dem *emotional turn*[21] in der Literaturwissenschaft müßte den Emotionen des Lesers beim Lesen von *Fliegeralarm* erhöhte Aufmerksamkeit gewidmet werden. In diesem Sinn bezeugen die aggressiv ablehnenden Zeitungsrezensionen die Spuren der Gewalt, die der Text bei den Rezensenten hinterlassen hat. Die den Kleinkindern zugeordneten Gewaltphantasien lösen eine Abwehrhaltung beim Leser aus, die schnell in Haß auf den Text umschlagen kann. Gerade weil Elsner grundlos böse Kinder als Hauptfiguren einsetzt, gerät der Roman an die Grenze dessen, was Michael Böhler mit Blick auf Urs Allemanns ähnlich konstruierten Text

---

20 W.G. Sebald: *Luftkrieg und Literatur*, mit einem Essay zu Alfred Andersch, München 1999, S. 21.
21 Vgl. Thomas Anz: »Emotional Turn? Beobachtungen zur Gefühlsforschung«, in: »literaturkritik.de«, Nr. 12, Dezember 2006.

»Babyficker« als Fiktionsakzeptanz bezeichnet hat.[22] Viele Leser von *Fliegeralarm* sind, wie die Rezensionen zeigen, nicht bereit, den Text als fiktionalen Text zu lesen. Daß sie die Fiktionalitätssignale überlesen und den fehlenden Realismus kritisieren, kann als Beleg für die Emotionalität dieser Lektüren gelten. Wer das Konstruktionsprinzip des Textes ignoriert, verfällt den Gewaltphantasien des Textes und wird so zu seinem Opfer, einem Opfer freilich, das dann seine bei der Lektüre aufgestauten Aggressionen gegen den Text und die Autorin wendet. In dieser emotionalen Eigendynamik der Lektüre liegt letztlich auch die Erfolglosigkeit des Buches begründet. Wer liebt schon einen Roman, der alles darauf anlegt, vom Leser gehaßt zu werden.

---

22 Michael Böhler: »Grenzen der Fiktionsakzeptanz und der hermeneutische Pakt in der Darstellung von Gewalt: Urs Allemanns ›Babyficker‹«, in: Weninger: *Gewalt und kulturelles Gedächtnis*, a.a.O., S. 55–76.

Christine Künzel

Unter Wölfen

Anmerkungen zu dem verschmähten Roman Heilig Blut

Mit Gisela Elsners Roman *Heilig Blut* ist eine kuriose Publikationsgeschichte verbunden, die die Autorin in einem Interview vom September 1987 folgendermaßen beschrieben hat:

> *Im Falle meines antifaschistischen Romans Heilig Blut habe ich, etwas jenseits der Legalität, die Weltrechte für diesen Roman an den größten sowjetischen Verlag verkauft. Das Buch erscheint demnächst in der UdSSR, wo man es für mein bestes Buch hält, während es hier von drei Verlagen als »mißlungen« abgelehnt wurde. Was daran mißlungen war, sagte man mir allerdings nicht. Zu meiner Freude wird der Roman jetzt nicht etwa vom Deutschen, sondern vom Russischen ins Bulgarische übersetzt. Ob man ihn daraufhin vom Bulgarischen ins Sudanesische oder Koreanische übersetzen wird, kann ich momentan noch nicht sagen.*[1]

Tatsächlich lag der Roman, »für den in der BRD kein Verleger eine Chance sah«[2] – so Elsner in einem Interview aus dem Jahr 1991 –, bisher lediglich in einer russischen Übersetzung vor, die in einem Band mit anderen Erzählungen der Autorin 1987 im Moskauer Raduga-Verlag erschienen war.[3] So liegt mit der Ausgabe, die im März 2007 im Berliner Verbrecher Verlag erschienen ist,[4] die deutschsprachige Erstveröffentlichung des Textes vor. Eine Publikation des Manuskripts, das noch vor dem Roman *Die Zähmung* (1984) entstanden sein dürfte, wurde 1982 zunächst von Elsners Hausverlag Rowohlt abgelehnt. Daraufhin bemühten sich die, zum Teil mit der Autorin auch persönlich befreundeten, Redakteure der Literaturzeitschrift »Kürbiskern« um eine Publikation des Romans im Damnitz Verlag, in dem auch der »Kürbiskern« erschien. Da Damnitz Elsner keinen Vorschuß hätte zahlen können, auf den die Autorin jedoch angewiesen war, kam es durch die Vermittlung Friedrich Hitzers (Gründungsmitglied

---

[1] Ruth Stankiewicz: »Ich werde immer unerbittlicher««, Interview mit Gisela Elsner, in: »Unsere Zeit«, 19.9.1987, S. 7.
[2] Karl-Heinz Jakobs im Gespräch mit Gisela Elsner: »Aus gutbürgerlichen Verhältnissen – auf und davon«, in: »Neues Deutschland«, 22./23.6.1991, S. 14.
[3] Es handelt sich um den Band *Izbranoe. Začertoj. Chailigbljut. Ispytane na porčnost. Rasskazy*, aus dem Deutschen übersetzt und hg. von Nina Litvineč (Litwinez), Moskau 1987.
[4] Gisela Elsner: *Heilig Blut*, hg. und mit einem Nachwort von Christine Künzel, Berlin 2007. Die Textfassung folgt Elsners Manuskript letzter Hand, das sich – wie alle Originalmanuskripte ihrer publizierten Bücher – im Howard Gotlieb Archiv der Boston University befindet.

und Herausgeber des »Kürbiskern«), der nicht zuletzt durch seine Aitmatow-Übersetzungen guten Kontakt zur russischen Übersetzerszene hatte, schließlich zu der Publikation im Raduga-Verlag Moskau in der Übersetzung der Germanistin Nina Litwinez.[5]

Nach der endgültigen Trennung vom Rowohlt Verlag wechselte Elsner 1987 zum Wiener Zsolnay Verlag, bei dem der Essayband *Gefahrensphären* (1988) und Elsners letzter Roman *Fliegeralarm* (1989) erschienen sind. Im Anschluß an *Fliegeralarm* sollte dann auch *Heilig Blut* 1991 bei Zsolnay erscheinen – möglicherweise unter dem Titel »Halali«, wie es aus einem Brief Elsners an den NDR-Kulturredakteur Hanjo Kesting vom 12. Juni 1989 hervorgeht.[6] Nachdem Elsner jedoch die Befürchtung geäußert hatte, daß ihr Roman womöglich weder beim Buchhandel noch bei den Lesern auf ein hinreichendes Interesse stoßen könnte, nahm der Verlag schließlich doch Abstand von einer Publikation des Textes. Lediglich die Notburger-Episode wurde bisher zweimal als Auszug publiziert.[7]

Jagdszenen im Bayerischen Wald

»Die Jagd«, der Titel einer ersten, wesentlich kürzeren Fassung des Romans,[8] faßt die Handlung, in deren Zentrum tatsächlich eine Jagdgesellschaft steht, eigentlich präzise zusammen und knüpft an einen literarischen Topos an, der durch Theaterstücke wie Martin Sperrs *Jagdszenen aus Niederbayern* (1966), Thomas Bernhards *Die Jagdgesellschaft* (1974) und Gundi Ellerts *Jagdzeit* (1994) markiert wird. Hätte Gisela Elsner das Spektakel um den Braunbären »Bruno« erlebt, der im Sommer 2006 sein Unwesen in den Bayerischen Alpen trieb, hätte das sicherlich Anlaß zu einer bitterbösen Satire über den deutschen Jagdeifer und die Auswüchse des Tierschutzes gegeben. Doch scheint es, als hätte Elsner einen solchen Roman bereits geschrieben. Die Szenerie und das Personal in ihrem Roman *Heilig Blut* weisen erstaunliche Parallelen mit dem Fall des »Problembären« Bruno auf: Auch *Heilig Blut* spielt in einem touristisch-idyllischen Gebiet, dem Bayerischen Wald, auch hier machen angeblich »blutrünstige Bestien«[9] – nämlich zwölf Wölfe, die aus einem

---

5 Mein ganz besonderer Dank gilt Friedrich Hitzer, der für mich wenige Tage vor seinem Tod am 15. Januar 2007 noch diese Details aus dem Archivmaterial der Redaktion des »Kürbiskern« und aus der Erinnerung zusammengetragen hat.

6 Ich möchte mich an dieser Stelle ganz herzlich bei Hanjo Kesting dafür bedanken, daß er mir Kopien seiner Korrespondenz mit Elsner zur Lektüre überlassen hat.

7 Gisela Elsner: »Notburger«, in: »Schreibheft. Zeitschrift für Literatur und kulturelle Initiativen«, 1983, H. 21, S. 26–30, und in: Julia Bachstein (Hg.): *Das geheime Buch der Leidenschaften*, Frankfurt a.M. 1991, S. 178–185.

8 In der Monacensia, Bibliothek und Literaturarchiv in München, in der Elsners schriftstellerischer Nachlaß liegt, gibt es drei Manuskripte von *Heilig Blut*, darunter eine kurze Fassung von ca. 30 Seiten, die den Titel »Die Jagd« trägt.

9 Elsner: *Heilig Blut*, a.a.O., S. 36. Im folgenden erscheinen die Seitenzahlen in Klammern direkt im Anschluß an das betreffende Zitat.

Forschungsgehege ausgebrochen sind – die Gegend unsicher, auch hier fühlt sich eine Gruppe »jagdkundiger Waidmänner«[10] dazu berufen, die Wölfe zur Strecke zu bringen, und auch hier spielt die christlich-katholische Symbolik eine zentrale Rolle. Doch geht es bei Elsner wesentlich düsterer zu, da die Idylle hier von vornherein trügerisch ist und auch die sogenannten tierischen Bestien nicht das eigentliche Problem darstellen. Hier ist es eher eine Gruppe von ›Problem-Herren‹, die den Bayerischen Wald unsicher macht – zunächst auf der Jagd nach den entflohenen Wölfen, dann auf der Suche nach einem lebensmüden Knopffabrikanten, der so lange durch die Wälder wandern will, bis er auf einen Wolf stößt, der ihn zerfleischt (S. 77).

Doch wie gesagt, bei Elsner trügt die Idylle bereits, ist die Naturlandschaft weder schön noch unschuldig. Die Landschaft erinnert an jene »ungeschickte« Gegend, die Elfriede Jelinek in ihrer Erzählung *Oh Wildnis, oh Schutz vor ihr* beschreibt.[11] Heilig Blut, der Ort, in dessen Nähe die vier älteren Herren, »die allesamt durch zwei Weltkriege und durch den harten Lebenskampf in der Nachkriegszeit gestählt« (S. 11) sind, eine Jagdhütte besitzen, in der sie sich einmal im Jahr zu einem gemeinsamen Jagdurlaub treffen, wird als ein »auf eine niederdrückende Weise reizloser und verkommener Ort« (S. 22) und trotz des vielversprechenden Namens als »gottverlassenes Kaff« (S. 216) beschrieben. Aber auch die umliegenden Orte wirken »ebenso verkommen und trostlos« (S. 90) und »ausgestorben« (S. 91). Der junge Gösch hat auf seiner Wanderung mit den drei Jagdkumpanen seines Vaters den Eindruck, »in die trostloseste Gegend im ganzen Land geraten zu sein« (S. 102), und nimmt sich vor, »nie mehr einen Fuß in diese Gegend zu setzen, deren Trostlosigkeit er unüberbietbar fand« (S. 152). Auch die Bevölkerung scheint Fremden gegenüber nicht gerade wohlgesonnen zu sein. Die Wanderer begegnen »finster dreinblickenden Bauern und Bäuerinnen (...), die aus ihrer Feindseligkeit kein Hehl« (S. 34) machen. Bezeichnenderweise heißt einer der Orte »Undorf« (S. 57), aber im Grunde entwirft Elsner die ganze Gegend als einen ›Unort‹, als einen Ort jenseits der Zivilisation, »in einer gänzlich von der Außenwelt abgeschnittenen Gegend«,[12] wie es in Thomas Bernhards *Jagdgesellschaft* heißt, die – so notiert der junge Gösch in seinem Tagebuch – »durch die Einsamkeit (...) der Kontrolle der bürgerlichen Gesellschaft weitgehend entzogen« (S. 208) ist. Hier scheinen (noch) andere Gesetze zu

---

10 Malte Olschewski: »›Mordfall‹ Bruno Bär«, in: »Readers Edition«, 10.7.2006, vgl. http://www.readers-edition.de/2006/07/10/mordfall-bruno-baer (Stand: 30.4.2007).
11 Elfriede Jelinek: *Oh Wildnis, oh Schutz vor ihr*, Reinbek 1985. Man beachte die zeitliche Nähe zum Elsner-Roman.
12 Thomas Bernhard: »Die Jagdgesellschaft«, in: ders.: *Stücke 1*, Frankfurt a.M. 1988, S. 171–249, hier S. 244.

herrschen, das bestätigt auch Inspektor Külz vom zuständigen Polizeirevier in Zwiesel, indem er die Herren aufklärt:

Falls Sie nämlich glauben sollten, in dieser schönen, idyllischen Gegend hätten Verbrechen Seltenheitscharakter, so irren Sie sich ganz gehörig. Mord und Totschlag sind hier an der Tagesordnung. Es ist kein friedfertiger Menschenschlag, der inmitten dieser herrlichen Wälder ansässig ist. Vielmehr sind die Bauern, die in Heilig Blut, Hatzhofen, Hundshaupten, Deuerling, Göging oder Undorf leben, trotz ihrer Bigotterie alles andere als gutmütige Leute. Sie sind heimtückisch und grausam. Sie setzen die Scheune ihres Nachbarn in Brand. Sie metzeln sein Vieh nieder. Sie erdrosseln ihre Ehefrauen. Sie vergiften ihre Mütter mit Ungeziefervertilgungsmitteln. Sie mißhandeln ihre Kinder. Sie werfen Säuglinge in stinkende Senkgruben. (S. 221)

Insofern widmet sich Elsner hier einem ihrer Lieblingsthemen, nämlich dem Aufzeigen der »Barbarei«, die in der bundesdeutschen Nachkriegsgesellschaft »ineinemfort zum Durchbruch«[13] komme. Doch erschöpft sich Elsners Kritik keineswegs an der deutschen Nachkriegsgesellschaft, es geht ihr vielmehr darum, »eine Mentalität evident werden zu lassen, die über die ganze Welt verbreitet ist«, die »bei uns nach 1933 Triumphe gefeiert« hat und die »noch längst nicht ausgerottet«[14] sei: »Der Faschismus, der damals noch im Kleinbürgertum auch nach dem Krieg drin steckte, ein legerer Faschismus, wurde in der Schule weiter betrieben.«[15] In einem Interview vom Februar 1984, da Elsner noch verzweifelt einen Verlag für *Heilig Blut* sucht, weist die Autorin darauf hin, daß der Roman, den sie selbst stets explizit als »antifaschistischen Roman«[16] bezeichnet hat, »gerade durch die Rechtswende (...) aktuell geworden«[17] sei.

Die Umgebung von Heilig Blut entwirft Elsner als einen Ort, an dem die vier älteren Herren ungestört ihrer nationalsozialistischen Gesinnung frönen können: So verabschieden sie sich beim Gastwirt in Heilig Blut mit einem »Heben ihrer rechten Hände« (S. 6 f.) - einem angedeuteten Hitlergruß -, tragen »provozierend kurz geschnittene (...) Haare« (S. 35), singen Kriegslieder (S. 38)[18] während ihrer Ausflüge und werfen ihrem Kumpanen

---

13 Gisela Elsner: »Vereinfacher haben es nicht leicht«, in: »Kürbiskern«, 1978, H. 1, S. 123-126, hier S. 123.
14 Alfred Starkmann: »Keine Zeit für Sympathie. Neue Definition des Riesenzwerges – Ein Gespräch mit Gisela Elsner«, in: »Die Welt«, 9.9.1965.
15 Donna L. Hoffmeister: »Gespräch mit Gisela Elsner«, in: dies.: *Vertrauter Alltag, gemischte Gefühle. Gespräche mit Schriftstellern über Arbeit in der Literatur*, Bonn 1989, S. 101–119, hier S. 108.
16 Karl-Heinz Jakobs im Gespräch mit Gisela Elsner: »Aus gutbürgerlichen Verhältnissen – auf und davon«, a.a.O. Vgl. auch Stankiewicz: »Ich werde immer unerbittlicher«, a.a.O.
17 Oskar Neumann: »Durch nichts matt setzen lassen. Die Schriftstellerin Gisela Elsner, BRD, im Gespräch«, in: »Sonntag«, 5.2.1984, S. 11.
18 Vgl. Gisela Elsner: »Sterben und Sterbenlassen. Über Kriegslieder im Dritten Reich«, in: dies.: *Gefahrensphären. Aufsätze*, Wien, Darmstadt 1988, S. 201–223.

Eugen Lüßl immer wieder seine jüdische Abstammung vor (S. 9, 12, 34, 115 u.ö.). Auch die Namen der Männer sind hier – wie in so vielen anderen Texten Elsners[19] – Programm: *Hächler*, dessen Name wie der des Führers mit einem »H« beginnt und auf »-er« endet. Der Name ist zugleich eine Anspielung auf die vielen engen Gefolgsleute Hitlers, deren Namen ebenfalls mit einem »H« beginnen: Heß, Himmler, Heydrich, Höß etc.,[20] wie der Name *Gösch* möglicherweise auf Göring und Goebbels anspielt. In Ergänzung dazu verweist die Figur des *Glaubrecht* auf eine Verbindung zwischen Nationalsozialismus und Katholizismus im Sinne eines Glaubensbekenntnisses. Die älteren Herren scheinen jenen »richtigen, alten Faschisten« zu ähneln, »die sich damit brüsteten, daß sie bei der NSDAP gewesen waren«,[21] die Elsner laut eigener Aussage im Hause ihres Vaters kennengelernt hatte.

Die Gegend um Heilig Blut scheint ein Sammelbecken für Kriminelle und Kriegsverbrecher zu sein.[22] So findet unter anderem auch der »deutschstämmige Kleinbauer August Brammer« hier Asyl, »der nach dem letzten Krieg aus der Tschechoslowakei, wo er wegen eines Sittlichkeitsdelikts polizeilich gesucht worden war« (S. 19), kam und der nun in der Jagdhütte der vier Herren nach dem Rechten sieht. Es handelt sich hier um eine ähnliche Konstellation, wie in Fritz Hochwälders schwarzer Komödie »Der Himbeerpflücker« (1965), wo ein touristischer Kurort mit dem bezeichnenden Namen »Bad Brauning« einer Gruppe von Altnazis und flüchtigen NS-Kriegsverbrechern als Unterschlupf dient – nach dem Motto: »Schließlich sind zwanzig Jahre vergangen (...). Die andern haben auch gemordet, die Bomben, war das nichts? (...) aber einmal muß ein Schlußstrich gezogen werden (...).«[23]

Bei Elsner passen die »reaktionären alten Männer«[24], die auf den gemeinsamen Jagdausflügen in Kriegserinnerungen schwelgen, kongenial in die Landschaft. Die Jagd in diesem von jeglicher Zivilisation abgeschnittenen Gebiet wird zum Kriegsersatz, so verwundert es nicht, daß die Jagd hier zuweilen zu einer ›Menschenjagd‹ ausartet, deren Opfer schließlich der jun-

---

19 Joachim Kaiser spricht in seiner Rezension zu *Die Riesenzwerge* bereits davon, daß bestimmte Personen »wie Henker« heißen; ders.: »Zu viele Zwerge«, in. »Süddeutsche Zeitung«, 16./17./18.5.1964.
20 Vgl. Lily Brett: *Zu viele Männer*, Frankfurt a.M. 2003, S. 155: »›Ist es nicht merkwürdig, wie viele unserer Namen mit dem Buchstaben H beginnen?‹ sagte Rudolf Höß. (...) ›Diese auffällige Häufung von Namen, die mit H beginnen, finde ich äußerst interessant. Höß, Heß, Hanfstaengl, Harlan, Hauptmann, Heyde, Heydrich, Himmler, Hoffmann, Hugenberg, Hoßbach und natürlich nicht zuletzt Hitler.‹«
21 Hoffmeister: »Gespräch mit Gisela Elsners«, a.a.O., S. 112 f.
22 Vgl. auch Thomas Bernhards Stück »Die Jagdgesellschaft« (1974), in dem der Wald ebenso als Rückzugsort für dubiose Gestalten nach dem Kriegsende fungiert; a.a.O., S. 196.
23 Fritz Hochwälder: »Der Himbeerpflücker«, in: ders.: *Dramen II*, Graz 1975, S. 211–276, hier S. 230.
24 Neumann: »Durch nichts matt setzen lassen«, a.a.O.

ge Gösch wird.[25] Es muß bereits in den Jahren zuvor während der Jagdausflüge der älteren Herren zu »gravierenden Vorfällen« gekommen sein, so daß sich diese »vor ein paar Jahren geschworen hatten, nicht mehr gemeinsam auf die Jagd zu gehen« (S. 37, vgl. auch S. 6, 12 f.). Wer weiß, wie viele Leichen die Herren bereits in der Umgebung ihrer Jagdhütte verscharrt haben?

Der Durchbruch der Barbarei zeigt sich nicht zuletzt darin, daß die drei älteren Herren »in zunehmendem Maße eine Neigung zur Unmenschlichkeit« an den Tag legen, die sie »gemeingefährlich« (S. 208) macht. Sie werden zu unberechenbaren Bestien, die sich selbst und ihre Handlungen nicht mehr unter Kontrolle haben,[26] sie ›vertieren‹, werden selbst zu den Bestien, denen sie eigentlich hinterherjagen. Der offensichtlichste Ausdruck für diesen Prozeß der Vertierung beziehungsweise für das Durchscheinen einer unmenschlichen Haltung dürfte wohl das »kurze, kehlige, eher zornig klingende Gelächter« (S. 10) sein, das die Herren in regelmäßigen Abständen anstimmen und das bereits die Wolfs-Metapher durchscheinen läßt, indem es weniger wie ein menschlicher Laut als vielmehr wie eine bedrohliche Lautmischung zwischen Knurren und Bellen erscheint. Möglicherweise ist dieses »zornig klingende Gelächter« ein Ausdruck für jene »heitere Brutalität«[27], die laut Elsner insbesondere in den Kriegsliedern des »Dritten Reiches« zum Ausdruck kommt.

Homo hominem lupus est:
Der Mensch ist dem Menschen ein Wolf

Zwar hat der junge Gösch eine diffuse Vorstellung von der Bedrohung, die von den Freunden seines Vaters ausgeht, »die ihn bereits in seiner Kindheit in Angst und Schrecken versetzt hatten« (S. 10), doch ist er zu schwach, um sich gegen die drei Herren durchzusetzen (S. 49). Werden die drei älteren Herren als explizite Anhänger eines Männlichkeitswahns nationalsozialistischer Prägung – »Zäh wie Leder, hart wie Kruppstahl (...)« – dargestellt, so kommt der junge Gösch als typische Mitläuferfigur auch nicht viel besser weg: Er folgt den Herren »mit der Sturheit eines subalternen Befehlsempfängers, der es anderen überläßt, sich über den Sinn und Zweck seines Tuns und Lassens den Kopf zu zerbrechen« (S. 53).

Zu spät wird ihm bewußt, daß die wahre Bedrohung nicht von den entflohenen Wölfen ausgeht, sondern von den – inzwi-

---

25 Bezeichnenderweise beruht das Bundesjagdgesetz zu weiten Teilen auf dem Reichsjagdgesetz vom 3. Juni 1934; vgl. Albert Lorz: *Bundesjagdgesetz*, 2. neubearbeitete u. erw. Aufl., München 1991, S. 2.
26 Es ist von »Zerrüttungserscheinungen« die Rede, die die Herren »voreinander zu vertuschen« (S. 149) suchen.
27 Elsner: »Sterben und Sterbenlassen«, a.a.O., S. 212.

schen zu einer Horde Wölfe mutierten – Kumpanen seines Vaters, gemäß dem Sprichwort, daß der Mensch dem Menschen ein Wolf sei.[28] Die Metapher des Wolfs steht hier für das Prinzip einer mehr oder weniger nationalsozialistisch geprägten Vätergeneration, wie in der Vorrede zu Thomas Braschs Erzählband *Vor den Vätern sterben die Söhne* (1977), wo es heißt: »Zuerst spürte ich seinen Kopf, der stark auf meine Blase drückte, und einige Minuten später den Schwanz, der in meinem Mund wedelte. Ich wollte nicht darüber nachdenken, wie der Wolf in mich hineingekommen war (...). Der Arzt schnitt mir den Bauch bis zum Hals hin auf und sah den Wolf. Der Wolf lag sehr ruhig. – Wenn wir den Wolf aus Ihnen herausnehmen, werden Sie sterben, sagte der Arzt.«[29]

Das Bild erinnert an einen anderen Roman von Gisela Elsner, nämlich an *Die Riesenzwerge* (1964), wo der Protagonist ebenfalls mit dem Vaterprinzip – genauer gesagt mit dem Stiefvaterprinzip – infiziert ist, hier allerdings in der Metapher des Bandwurms, den der Protagonist der Vorliebe seines Stiefvaters für rohes Fleisch verdankt. Es ist einmal mehr der kannibalische Charakter des Faschismus nationalsozialistischer Prägung, eines Systems, das gewissermaßen seine eigenen Kinder frißt, das auch in *Heilig Blut* an den Pranger gestellt wird.

Elsner nimmt hier unter anderem auch den Vertretungsanspruch der christlichen Lehre, den Repräsentationsanspruch Gottes auf Erden ins Visier, wenn sie in *Heilig Blut* – in Anlehnung an das Verhältnis zwischen Gott Vater und Sohn Jesus Christus – den jungen Gösch in Vertretung seines Vaters[30] – mit Bezug auf Matthäus 10,16: »Siehe, ich sende euch wie Schafe mitten unter die Wölfe« – im Auftrag seines Vaters unter die »Wölfe« schickt. Holger Gösch wird in seiner Rolle als Kriegsdienstverweigerer und Weichling mit einer Aura der Harmlosigkeit ausgestattet, die sprichwörtlich sonst nur dem Schaf zugesprochen wird. Der gewalttätige und blutrünstige Charakter bündelt sich dagegen im Bild des Wolfs – so wie es sich in der Mythologie, aber auch in vielen Märchen manifestiert. Auch die Assoziation zwischen Nazis und Wölfen hat Tradition,[31] man denke etwa an Franz Josef Degenhardts Lied »Wölfe mitten im Mai«.

---

28 In dem Song »Lobpreis der westlichen Freiheit« aus der Oper »Friedenssaison« nimmt Elsner explizit Bezug auf diesen Spruch: »Wo's dem Menschen verargt, Wolf des Menschen zu sein (...).« Gisela Elsner: *Friedenssaison*, Oper, Hannover 1988, S. 34.

29 Thomas Brasch: *Vor den Vätern sterben die Söhne*, mit einem Nachwort von Katja Lange-Müller, Frankfurt a.M. 2002, S. 7.

30 In der ersten Fassung »Die Jagd« wird der junge Gösch als »Ersatzmann« für seinen Vater bezeichnet.

31 Vgl. die Vorliebe der Nationalsozialisten für das Bild des Wolfs, das sich nicht zuletzt in der NS-Partisanenorganisation »Werwolf« und den Namen diverser Führerhauptquartiere wie die »Wolfsschanze« in Ostpreußen und den »Werwolf« in der Ukraine äußert, aber auch in der von Hitler gegründeten Stadt »Wolfsburg«. Vgl. Christian Zenker/Friedemann Bedürftig (Hg.): *Das große Lexikon des Dritten Reiches*, München 1985, Stichwort »Werwulf«, S. 637.

Das Blutopfer, das im Sinne der Botschaft des Neuen Testaments dazu angetan ist, in der Person Christi den neuen Bund mit Gott zu befestigen, wird bei Elsner in die Bestätigung eines alten Bundes innerhalb der Vätergeneration verkehrt. Der Tod des jungen Gösch schweißt die Jagdgemeinschaft umso stärker zusammen (S. 211), da alle (bis auf den alten Gösch) um die Tat wissen und sich an der Vertuschung beteiligen – das schafft eine gegenseitige Abhängigkeit. Das Bild der »Jagdmeute«, wie es Elias Canetti in seiner Studie *Masse und Macht* (1960) entworfen hat, scheint für die Darstellung der Gruppe der alten Herren insofern angemessen zu sein, als sich in dem Begriff menschliche (Jagd) und tierische Elemente (Meute) ganz in Elsners Sinn kreuzen. Canetti betont, daß der Ausdruck »Meute«, auf Menschen bezogen, daran erinnern solle, daß er seine Entstehung einem tierischen Vorbild verdanke, nämlich dem Rudel gemeinsam jagender Tiere. Doch geht es dieser Jagdmeute nicht um die gemeinsame Einverleibung ihrer Beute, sondern es ist der Moment der Tötung des jungen Gösch, der die drei Herren zu Zeugen, zu »Blutzeugen«[32], das heißt zu einer Zeugengemeinschaft (im Sinne einer Glaubensgemeinschaft) zusammenschweißt, die ihren Höhepunkt in der gemeinsamen Vertuschung der Tat findet. Insofern beglaubigt und besiegelt dieses Blutopfer – in der pervertierten Form einer Kommunion christlich-sakraler Prägung – die Gemeinschaft der Jäger.

Parodie einer Passion
Vor diesem Hintergrund erhält das Jagdszenario, wie es sich noch in dem Titel des ersten Entwurfs (»Die Jagd«) spiegelt, eine ganz neue Dimension. Vordergründig geht es zwar tatsächlich um eine Jagd, doch auf einer anderen Ebene, auf die eben auch der Titel *Heilig Blut* verweist, schildert Elsner hier – wie bereits in anderen Texten, etwa in *Die Riesenzwerge* oder in *Der Nachwuchs* – eine Passionsgeschichte. Jedoch ist das Opfer, das hier im Zuge einer Jagd (eher zufällig) erbracht wird, im Gegensatz zum Opfer im Sinn der Passion Christi, völlig sinnlos: es findet keine Erlösung statt. In ihrer typisch blasphemischen Manier macht sich Elsner auch hier die Überschneidungen einer christlich-sakralen mit einer profanen Semantik im Hinblick auf die Bedeutung des Verhältnisses zwischen Vater und Sohn, zwischen Jäger und Gejagtem, Wolf und Lamm (bzw. Reh) sowie die Bedeutung von Blut und Opfer zunutze. Die Überblendung der ikonografischen Traditionen deutet sich unter anderem in bestimmten bildlichen Darstellungen an, die – wie in so vielen Texten Elsners – eine zentrale Rolle spielen. So sind in der

---

32 Vgl. ebd., Stichwort »Blutzeuge«, S. 80.

Werkstatt des Glasers und Devotionalienhändlers in Heilig Blut unter anderem Seidentücher ausgestellt, »auf die das schmerzverzerrte, blutbesudelte Gesicht des Gekreuzigten mit der Dornenkrone« (S. 33) gedruckt ist. Und im Wohnzimmer der Villa des Knopffabrikanten Ockelmann hängt ein Gobelin, »auf dem eine blutrünstige Jagdszene« (S. 76) dargestellt ist.

Aber es gibt weitere Details, die darauf hinweisen, wie gut sich Elsner, die im Anschluß an die Grundschule das Realgymnasium der Englischen Fräulein (eine Nonnenschule) besuchte, mit der katholisch geprägten christlichen Semantik und Ikonographie auskennt und wie geschickt sie die beiden Ebenen von Jagd und Passion überblendet. Elsner nimmt insbesondere den Vertretungsanspruch Gottes durch seinen Sohn ins Visier. Hier ist es der junge Gösch, der – eher widerwillig – anstelle seines Vaters, der angeblich gesundheitliche Probleme hat, mit dessen Jagdkumpanen Hächler, Glaubrecht und Lüßl zur Jagd nach Heilig Blut aufbricht. Der Jagdurlaub soll für ihn eine »regelrechte Bewährungsprobe« (S. 12) sein – so hat es sich zumindest der alte Gösch vorgestellt, der seinen Sohn für einen »Versager« (S. 16) hält. Zwischen den ehemaligen Wehrmachtssoldaten und leidenschaftlichen Jägern zieht der junge Gösch, der als »Wehrdienstverweigerer« (S. 42) und bekennender Pazifist nicht mit einem Gewehr umgehen kann, schon bald nicht nur den Spott, sondern auch die Wut der Männer der älteren Generation auf sich, die in jedem Kriegsdienstverweigerer gleich einen »verkappten Kommunisten« (S. 45) sehen.[33]

Bevor sich die Männer zusammen auf die vorgesehene Jagd begeben können, erfahren sie in Heilig Blut, daß aus einem Freigehege in der Nähe von Zwiesel, das wissenschaftlichen Zwecken dient, in den frühen Morgenstunden zwölf Wölfe ausgebrochen sind. Dieser Vorfall, der bei den Bewohnern der Umgebung Angst und Schrecken auslöst, bewegt die Jagdgesellschaft jedoch keineswegs zur Abreise und damit zum Verzicht auf einen Jagdausflug. Der junge Gösch, der nach dieser Nachricht am liebsten sofort abgereist wäre, hat vielmehr den Eindruck, daß seinen Begleitern der Ausbruch der Wölfe keineswegs ungelegen kommt, sondern daß diese nun »richtiggehend auflebten« (S. 36).

Während bei den Kumpanen des Vaters das Jagdfieber zur Wolfsjagd ausbricht, erwartet der junge Gösch den Aufbruch »voller böser Vorahnungen« (S. 48) und begibt sich, nachdem seine ersten Versuche, das Schießen zu erlernen, fehlgeschla-

---

[33] Elsner scheint den älteren Herren hier eine Äußerung des Bundeswehr-Generalmajors Paul Herrmann in den Mund zu legen, der – das »Wort eines ›hohen Würdenträgers‹« zitierend – sagte, daß »Kriegsdienstverweigerer (...) entweder Kommunisten oder Feiglinge« seien. Vgl. den Artikel »Kriegsdienstverweigerer: Kommunisten oder Feiglinge«, in: »Der Spiegel«, 29.8.1956, S. 14.

gen sind, schließlich mit einer »Schicksalsergebenheit« (S. 49) mit den anderen auf die Wolfsjagd. Es kommt, wie es kommen muß: Nachdem der *Running Gag* der Verwechslung eines harmlosen Rehs mit einem Wolf bereits zweimal ausgespielt wurde, dreht sich der junge Gösch beim dritten Mal, in der Meinung, wieder nur ein harmloses Reh zu erblicken, »mit einem von seinem Heiterkeitsausbruch noch verzerrten Gesicht um«, muß jedoch zu seinem Erschrecken feststellen, daß es sich bei dem Tier, das lediglich »ein paar Meter von ihm entfernt mitten auf dem Waldweg stand, keineswegs um ein Reh, sondern vielmehr um einen Wolf handelte, der ihn mit blutunterlaufenen Augen anstarrte« (S. 152). Das Spiel um Verwechslungen und Stellvertretungen findet schließlich seinen Höhepunkt, als Lüßl statt des Wolfs den jungen Gösch erlegt, als dieser – in der Absicht, dem Schuß auszuweichen – »voller Kopflosigkeit (...) geradewegs in die Kugel« (S. 153) hineinläuft. Der junge Gösch, der von Lüßls Kugel in »seine linke Brusthälfte in Herzhöhe« (ebd.) getroffen wird, ist auf der Stelle tot. Das müssen die drei Männer, die zunächst an eine hysterische Überreaktion des jungen Gösch glauben, erkennen, als der »Blutflecken, der auf dem Vorderteil des eierschalenfarbenen Anoraks sichtbar« (S. 154) war, immer größer wird. Doch der Schock wirkt nur kurz. Lüßl sorgt sich sogleich um seinen Ruf und die möglichen Konsequenzen, die diese »fahrlässige Tötung« (S. 155) für ihn haben könnten. Um seine Schuld zu relativieren, versucht Lüßl Hächler und Glaubrecht davon zu überzeugen, daß der Tod des jungen Gösch keinen wirklichen Verlust bedeute. Nachdem sich Glaubrecht zunächst scheinbar noch sträubt und mit Lüßls Angst vor einer Strafanzeige spielt, arbeitet die eingespielte Jagdgesellschaft schließlich Hand in Hand, um ihre Beteiligung am Tod des jungen Gösch zu vertuschen.

Das satirische Moment dieses Romans, der in einer älteren Fassung auch explizit als »Satire« betitelt worden war, liegt in der Überblendung der Figur des jungen Gösch mit der des gekreuzigten Jesus. Wie Jesus unter den Wölfen, so empfindet sich Holger Gösch als »Fremdkörper« (S. 6) in der Gesellschaft der Freunde des Vaters. Auch was seine äußere Erscheinung und seine Charaktereigenschaften betrifft, entwirft Elsner den jungen Gösch als Jesus-Persiflage mit »runden, blauen Augen« und »weichen, ein wenig femininen Gesichtszügen«, die ihm »einen wehleidigen Anstrich« (S. 3 f.) verleihen.

Auch der depressive Knopffabrikant Ockelmann wird als Passionsfigur entworfen. In der Absicht, seinem Leben ein Ende zu setzen, streift er tagelang allein durch die Wälder, um sich von einem Wolf zerfleischen zu lassen. Nachdem dieser Selbstmordversuch mißglückt ist, behauptet Ockelmann den drei Herren gegenüber, er glaube nicht, daß »Christus auf dem Kreuzweg mehr erlitten« (S. 169) habe als er auf den einsamen Waldwegen. Auch Ockelmann wird im Gegensatz zu den Jagdkumpanen als femininer Typ entworfen und als Angsthase, der sich – wie der junge Gösch – bei jedem Knacken im Wald fürchtet und ängstlich zusammenzuckt.

Gleichzeitig persifliert Elsner mit den beiden Antihelden (dem jungen Gösch und Ockelmann) den heroischen Opferdiskurs der NS-Ideologie, indem sie das Motiv der »deutschen Passion«[34], des heroisierenden sakramentalen Selbstopfers nationalsozialistischer Prägung, das sich in völkisch-national geprägten Texten der Zwischenkriegszeit finden läßt,[35] dekonstruiert. Daß die Autorin sich mit dem NS-Diskurs auskannte, läßt sich nicht zuletzt an ihrem Interesse an den Propagandaschriften und -reden der führenden Riege des NS-Regimes ablesen, das sie unter anderem in ihrem Aufsatz »Über Kriegslieder im Dritten Reich«[36] unter Beweis stellte. Vor diesem Hintergrund ist anzunehmen, daß Elsner mit dem Topos der »deutschen Passion« vertraut gewesen sein dürfte:[37] »Ob Stacheldraht, ob Dornenkron: / Ich will sie leiden, die Passion.«[38]

Es sind nicht die Vertreter einer selbsternannten Opfergemeinschaft ehemaliger Kriegsgefangener (Hächler, Glaubrecht und Lüßl), die sich im Sinn einer heilsgeschichtlichen Auslegung der Gewalt im Nationalsozialismus freiwillig opfern, um eine politische und moralische Erneuerung zu bewirken; Elsner präsentiert hier vielmehr ein unfreiwilliges Opfer, den jungen Gösch, dessen eher zufällige Tötung dann auch keine Erneuerung verspricht, sondern vielmehr im Sinn einer Restauration des Väterregimes nationalsozialistischer Prägung wirkt. Damit wird nicht nur der heilsgeschichtliche Charakter der Konstruktion der nationalsozialistischen Opfergemeinschaft parodiert, sondern auch ihr Bezug zu religiösen Diskursen, insbesondere den Ritualen des Katholizismus, herausgestellt.

Heilig ist das Blut –
Katholizismus und Nationalsozialismus

In dem Begriff »Heilig Blut« treffen sich die beiden Institutionen, die in Elsners Faschismuskritik stets eine Einheit bilden:

---

34 Vgl. Richard Euringer: *Deutsche Passion 1933. Hörwerk in sechs Sätzen*, Oldenburg i.O., Berlin 1933. Euringers Oratorium wurde am 13. April 1933 in der »Stunde der Nation« über alle deutschen Rundfunkanstalten urgesendet.
35 Vgl. Gregor Streim: »Die ›deutsche Passion‹. Der heroische Opfermythos in der völkisch-nationalistischen Literatur der Zwischenkriegszeit«, in: Stefan Hermes/Amir Muhić (Hg.): *Täter als Opfer? Deutschsprachige Literatur zu Krieg und Vertreibung im 20. Jahrhundert*, Hamburg 2007, S. 129–148.
36 Elsner: »Sterben und Sterbenlassen«, a.a.O.
37 Vgl. ebd., S. 214 f. und S. 220.
38 Euringer: *Deutsche Passion 1933*, a.a.O., S. 16; Hervorhebung im Original.

Nationalsozialismus und Katholizismus.[39] Dabei handelt es sich um ein Thema, das spätestens durch Rolf Hochhuths Stück *Der Stellvertreter* (1963) Eingang in die Literatur fand und im In- und Ausland für kontroverse Debatten sorgte. Hochhuths Stück, das sich auf historische Dokumente beruft, ist eine kritische Analyse des Konkordats zwischen der römisch-katholischen Kurie und der nationalsozialistischen Reichsregierung. Es weist einerseits auf die gemeinsame Abneigung gegen den Kommunismus hin, auf die Möglichkeit eines gemeinsamen »Kreuzzuges gegen Moskau«[40], andererseits aber auch auf die »böse Konkurrenz«, die das »Ritual der Nazis«[41] für den Katholizismus darstellt. Auch Victor Klemperer hatte in *LTI*, seiner Studie zur Sprache des »Dritten Reiches«, darauf hingewiesen, daß es sich dabei um eine »Sprache des Glaubens« handele, die sich »eng an das Christentum, genauer: an den Katholizismus«[42] anlehne. In diesem Zusammenhang stehen auch die NS-Prägungen »Blutfahne« und »Blutzeugen«.[43] Eben um derartige Überschneidungen in den Symbolen und Ritualen geht es auch in dem Roman *Heilig Blut*.

Anspielungen auf die katholische »Heilig-Blut-Bewegung« sind in Elsners Text kaum zu übersehen. Hatte das Blut in der Religionsgeschichte seit jeher eine zentrale Bedeutung für das menschliche Leben, so handelt es sich bei der »Heilig-Blut-Bewegung« um eine Tradition der Verehrung des eucharistischen Blutes als Wunderblut in Form von verschiedenen Blutreliquien, die zwischen dem 11. und 12. Jahrhundert ihren Ausgang nahm und bis heute praktiziert wird. Im deutschsprachigen Raum hat insbesondere die Heilig-Blut-Tradition des Klosters Weingarten (Oberschwaben) mit seiner berühmten Heilig-Blut-Reliquie große Bedeutung erlangt. Der Sage nach fielen die Schweden 1632 in dieses Kloster ein und wüteten auch in der Heilig-Blut-Kapelle, wo sie eine Marienfigur in Stücke schlugen.[44] Und hier gibt es bereits erste Berührungspunkte mit Elsners Szenario: In der Dorfkirche von Heilig Blut befindet sich nämlich eine »Madonnenstatue«, »deren Kopf einer Legende zufolge, nachdem er durch den Axthieb eines Hussiten gespalten worden war, geblutet haben sollte« (S. 29).

Was verbindet nun aber die Heilig-Blut-Tradition mit der Gruppe von Altnazis, die sich in dem Ort Heilig Blut treffen,

---

39 Man denke hier etwa an die Rolle der Katholischen Kirche in *Die Riesenzwerge* oder in *Fliegeralarm*.
40 Rolf Hochhuth: *Der Stellvertreter* (1963), Reinbek 1967, S. 18.
41 Ebd., S. 19.
42 Victor Klemperer: *LTI. Notizbuch eines Philologen*, 3. Aufl., Leipzig 1975, S. 142.
43 Vgl. ebd.
44 Vgl. Rainer Jensch: *Die Weingartener Heilig-Blut- und Stiftertradition. Ein Bilderkreis klösterlicher Selbstdarstellung*, Diss. Eberhard-Karls-Universität München, Eigenverlag, 1996, S. 109, Fußnote 42.

um gemeinsam auf die Jagd zu gehen? Es ist die Verehrung des Blutes, in der sich christliche und nationalsozialistische Rituale überschneiden. Das hat seinerzeit auch der Leiter des Rassenpolitischen Amtes der NSDAP, Walter Groß, erkannt, als er in einer Rundfunkrede mit dem Titel »Heilig ist das Blut« am 7. August 1935 im Namen der Frömmigkeit insbesondere die gläubigen »deutschen Jungen und Mädel« von der »Heiligkeit« der »Gesetze des Blutes«, sprich der nationalsozialistischen »Lehre von Blut und Rasse«, zu überzeugen versuchte:

Wenn wir demütig wieder anerkennen, daß wir als Menschen zeit unseres Lebens rassegebunden sind und nicht anders können, als nach jenen Gesetzen des Blutes zu denken, zu fühlen und zu handeln, die Gott selbst in uns gelegt hat, ist das Ketzerei und Ungläubigkeit oder ist es nicht vielmehr ein Stück Frömmigkeit im echtesten und wahrsten Sinne des Wortes? Jawohl, wir sehen in den Tatsachen und Gesetzen der Rasse etwas Heiliges und Göttliches (...). Und so erheben wir in unseren Tagen aufs neue die Fahne des Lebens gegen jede Lehre des Todes und dienen der Zukunft mit dem gläubigen Bekenntnis: Heilig ist uns das Blut, das uns die Gottheit verlieh.[45]

Der rassenpolitische Aspekt wird in Elsners Roman insbesondere durch die Figur des Eugen Lüßl verkörpert, von dem die anderen Herren behaupten, er habe einen »Webfehler«, weil er »Vierteljude« (S. 9) sei und von seiner jüdischen Großmutter »einen Hang zum Zersetzenden« (S. 12) geerbt habe. Doch scheint der Aspekt der »Blutsgemeinschaft«[46] auch in bezug auf die Auseinandersetzung zwischen dem jungen Gösch und den Jagdkumpanen seines Vaters eine Rolle zu spielen. Während die drei Herren noch beraten, was sie mit der Leiche des jungen Gösch anfangen sollen, den Lüßl auf dem Gewissen hat, versuchen sie, den Tod Holger Göschs zu rechtfertigen, indem sie argumentieren, daß der Sohn des alten Gösch »ohnehin nicht viel« »getaugt« (S. 156) habe,[47] da er für ihre Begriffe »viel zu weich und viel zu unentschlossen«, »kein ganzer Kerl, sondern nur ein beispielloser Feigling« (ebd.) gewesen sei – also so gar nicht vom Schlage seines Vaters. Als sie die Leiche genauer betrachten, stellt Hächler fest, daß der junge Gösch »nicht die geringste Ähnlichkeit mit seinem Vater« (S. 157 f.) habe: »Mir ist im Leben noch nie ein Sohn begegnet, der seinem Vater so wenig ähnlich sah und so wenig ähnlich war wie er, erwiderte Lüßl.

---

45 Walter Groß: »Heilig ist das Blut«, Rundfunkrede, gehalten am 7. Ernting 1935 in der »Stunde der jungen Nation«, hg. vom Rassenpolitischen Amt, Berlin 1935, S. 7.

46 Zur Bedeutung des Begriffs im NS vgl. Cornelia Schmitz-Berning: *Vokabular des Nationalsozialismus*, Berlin, New York 1998, S. 122 ff.

47 Ähnliches äußern die drei älteren Herren in bezug auf den Knopffabrikanten Ockelmann, was noch einmal die Parallelen zur Figur des jungen Gösch unterstreicht: »Für die Menschheit wäre es kein großer Verlust, wenn er (Ockelmann) von einem Wolf zerfleischt würde, erwiderte Lüßl. Schließlich hat er in seinem Leben noch nichts geleistet« (S. 100).

– Der alte Gösch hat es ja oft genug bezweifelt, daß er tatsächlich sein eigen Fleisch und Blut ist, meinte Glaubrecht. – Trotzdem hat er seiner Frau nie einen Fehltritt nachweisen können, entgegnete Hächler. (...) – Zumindest wäre es ein Witz, wenn der alte Gösch einen Bastard großgezogen hätte, entgegnete Glaubrecht (...).« (S. 157 f.)

Mit dem Gefühl, dem alten Gösch gewissermaßen einen Dienst erwiesen zu haben, indem sie ihn von einem ›Kuckuckskind‹ befreit haben, verscharren die Herren den jungen Gösch dann »wie einen Hund« (S. 210) im Wald. »Glauben Sie, daß er (der alte Gösch) ihn (den jungen Gösch) vermissen wird, erkundigte sich Glaubrecht. – Vermutlich wird er ihn nicht vermissen, erwiderte Lüßl. – Er hat ihn ohnehin nicht ausstehen können, fügte er hinzu.« (S. 203 f.)

So wird der Tod des jungen Gösch dadurch gerechtfertigt, daß er nicht das eigen Fleisch und Blut[48] des alten Gösch sei, sondern lediglich ein »Bastard«,[49] der nicht die Reinheit des Blutes, des Erbgutes verkörpert und damit auch nicht zur »Blutsgemeinschaft« der Herren und ihrer Nachkommen gezählt werden kann – denn: Heilig ist das Blut!

---

48 Eine Rezension zum Roman *Die Riesenzwerge* trug bereits den Titel »Vom Fleisch und Blut«, vgl. »Der Spiegel«, 29.4.1964, S. 118.
49 Im NS wurde vorwiegend von »jüdischer Bastardisierung« gesprochen, vgl. Schmitz-Berning: *Vokabular des Nationalsozialismus*, a.a.O., Stichwort »Blutsvergiftung«, S. 124.

Carsten Mindt

Bandwürmer vs. Tausendfüßler

Gisela Elsners Riesenzwerge *und der Nouveau Roman*

Zur Zeit der Publikation des Textes *Die Riesenzwerge* in der Bundesrepublik Deutschland gab es in Frankreich bereits seit einem knappen Jahrzehnt das Konzept des Nouveau Roman, auf das sich die Werke von Schriftstellern und Schriftstellerinnen wie Alain Robbe-Grillet, Claude Simon, Michel Butor, Nathalie Sarraute und auch Marguerite Duras beziehen lassen. Die Romanistin Brigitta Coenen-Mennemeier hat in ihrer Arbeit über den Nouveau Roman einen Merkmalskatalog entwickelt, der die Werke dieser Schriftsteller zu einer lockeren Gruppe zusammenstellt. Sie nennt dort als zentrale Charakteristika die Abkehr vom traditionellen Roman, der als epigonal empfunden wurde, und das neu gestaltete Verhältnis zwischen Romanfiguren und textimmanenter Dingwelt. Im Gegensatz zu früheren Entwürfen privilegieren die Nouveaux Romanciers einen registrierenden Blick, der auf Deutungen verzichtet. Robbe-Grillets Texte konzentrieren sich beispielsweise häufig auf die Erfassung von Oberflächen, Konturen und Distanzen. Als weitere Merkmale nennt Coenen-Mennemeier die »energische Absage an kohärente Handlung, kompakte Figurenpsychologie, lineare Zeit und gedeutete Räume« – was als Antwort auf das realistische Schreiben à la Balzac formuliert wurde.[1]

Der Nouveau Roman übte auch großen Einfluß auf die Literatur im deutschsprachigen Raum aus. Zahlreiche Stimmen kritisierten oder feierten das Konzept, zu jener Zeit aktuelle Werke und Autoren wurden vor dessen Hintergrund kategorisiert.[2] Der Literaturwissenschaftler Uwe Neumann nennt in seiner Untersuchung über das Bild Robbe-Grillets und des Nouveau Romans im Spiegel der Kritik deutschsprachiger Schriftsteller weitere Autoren wie Peter Handke, Helmut Heißenbüttel, Dieter Wellershoff, Hubert Fichte und insbesondere Peter Weiss mit seinem Frühwerk, deren Texte unter einem vergleichbaren Einfluß standen.[3] Die Berührungspunkte der Prosa Gisela Elsners, vor allem ihres Textes *Die Riesenzwerge*, mit dem Nouveau Roman wurden allerdings bisher nie in den Blick gehoben.

---

1 Brigitta Coenen-Mennemeier: *Nouveau Roman*, Stuttgart, Weimar 1996, S. 1 f.
2 Uwe Neumann: »Robbe-Grillet und der Nouveau Roman im Spiegel der Kritik deutschsprachiger Schriftsteller«, in: Karl Alfred Blüher (Hg.): *Robbe-Grillet zwischen Moderne und Postmoderne. »nouveau roman«, »nouveau cinéma« und »nouvelle autobiographie«*, Tübingen 1992, S. 101–139, hier S. 111 f.
3 Ebd., S. 131 ff.

Die Ähnlichkeiten zwischen den *Riesenzwergen* und Robbe-Grillets *Die Jalousie oder die Eifersucht*, nach Coenen-Mennemeiner der »Klassiker der neuen Romanform«, sind jedoch augenfällig und vielschichtig. Zentral für beide Werke ist ein Tiermotiv. In Elsners Text kommt dem Bandwurm eine Schlüsselfunktion zu. Dieser wird am Anfang des zweiten Kapitels eingeführt, indem der Ich-Erzähler, der kindliche Lothar, lakonisch konstatiert: »Ich bin nicht mehr allein mit mir.«[4] Die Vermutung, daß er von einem solchen Parasiten befallen ist, provoziert die Familie zu Streit und Schuldzuweisungen und veranlaßt die Suche nach Erklärungen und Therapie. Die Mutter ruft: »Weil du das Fleisch halbroh willst!«[5] und schiebt damit die Schuld dem Stiefvater zu. Lothar erscheint so als Opfer der Fleischfresser, die ihre Mahlzeiten Tieren vergleichbar ungekocht verschlingen.

Als Lothar mit seiner Mutter den Arzt Dr. Trautbert aufsucht, wird er von diesem ausführlich über Lebenszyklus, Gestalt und Artenvielfalt der Bandwürmer sowie über Möglichkeiten, sie wieder loszuwerden, unterrichtet.[6] Lothars Schmarotzer kommt zu einem späteren Zeitpunkt der Handlung zum Vorschein, nämlich als Lothar nach dem Verschwinden seiner Mutter zur Großmutter gebracht wird. Der Parasit liegt dort auf dem Fußboden der Küche, nachdem er sich entweder aus dem Abfalleimer oder dem Nachttopf gewunden hat. Die Großmutter erschrickt so sehr beim Anblick des »küchenlangen Stücks (...) des Wurms«, das sich im Wischwasser aus dem umgestürzten Putzeimer krümmt,[7] daß sie sich weigert, Lothar noch länger zu beherbergen, und ihn per Taxi zu seinem Stiefvater zurückschickt.[8]

Im Roman *Die Jalousie* spielt eine Scutigera oder ein »Tausendfüßler« eine ebenso herausragende Rolle. Im biologisch-taxonomischen Sinn bezeichnen die Begriffe zwar verschiedene Gattungen unterschiedlicher Familien,[9] aber das allgemeinsprachliche Wort faßt – wie das französische »mille-pattes« auch – alle jene Gruppen zusammen.

---

4 Gisela Elsner: *Die Riesenzwerge. Ein Beitrag*, Reinbek 1964, S. 34.
5 Ebd.
6 Ebd., S. 50 ff.
7 Ebd., S. 255.
8 Ebd., S. 257.
9 Die Scutigera gehört in diesem Sinne nicht zu den Tausendfüßlern, sondern zu den Chilopoda oder Hundertfüßlern; vgl. Adolf Remane/Volker Storch/Ulrich Welsch: *Kurzes Lehrbuch der Zoologie*, 6. Aufl., Stuttgart, New York 1989, S. 454.

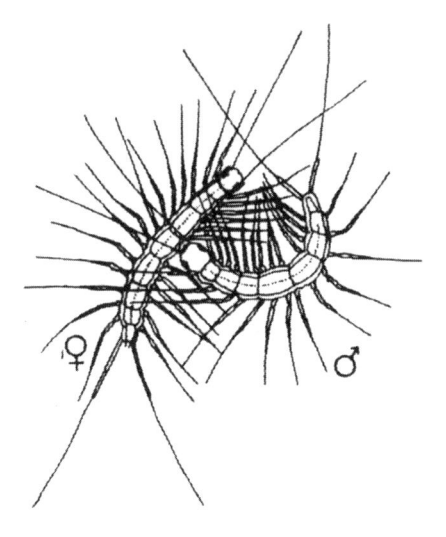

Abb. 1: *Scutigera*

Das Ungeziefer, also die Scutigera, erscheint in *Die Jalousie* zwar nur ein einziges Mal, aber auf diese Szene wird im Buch wiederholt Bezug genommen. Die Erzählhandlung ist in einer Kolonie mit tropischem Klima angesiedelt. Die zentrale Figurenkonstellation besteht aus zwei befreundeten Paaren, die auf benachbarten Plantagen leben. Der eine Ehemann, dessen Blickwinkel der Erzähler übernimmt, vermutet eifersüchtig, daß seine Frau A... eine Affäre mit Franck hat.[10] Im Verlauf einer Abendeinladung entdeckt A... plötzlich an einer Hauswand die Scutigera und erschrickt. Franck steht auf und zerdrückt das Tier erst mit seiner Serviette an der Wand, dann zertritt er es, nachdem es offenbar heruntergefallen ist, auf dem Fußboden.[11] Lange noch ist der Abdruck des Tausendfüßlers an der Wand zu sehen. Darauf kommt der Erzähler immer wieder zu sprechen. Er räsoniert zunächst über die üblichen Bezeichnungen des Tieres und Legenden der Eingeborenen über die Scutigera, um dann erneut den Tod des Ungeziefers, noch ausführlicher, zu schildern.[12] Bei der nächsten Gelegenheit wird nur kurz darüber spekuliert, ob alle seine gliederten Extremitäten beim Zerquetschen an der Wand unversehrt geblieben sind oder nicht.[13] Dann wird die Szene erneut wiederholt – allerdings fokussiert

---

10 Im Text wird in der dritten Person erzählt, allerdings wird auf die Darstellung der Innensicht verzichtet. Wie für den Nouveau Roman typisch, erfahren die Rezipierenden über die Erzählfigur nichts, außer daß es sich um einen eifersüchtigen Ehemann handelt, der methodisch wie ein Detektiv seine Frau belauert. Auch von deren Namen erfährt der Leser lediglich den Anfangsbuchstaben.
11 Alain Robbe-Grillet: *Die Jalousie oder die Eifersucht*, Übersetzung: Elmar Tophoven, Stuttgart 1966, S. 53.
12 Ebd., S. 70 f.
13 Ebd., S. 80 f.

der Erzähler jetzt nur das Tier selbst und blendet andere Personen zu Beginn dieser Passage aus. Nun werden vor allem die Größe und der jämmerliche Todeskampf der Scutigera eindringlich geschildert.[14] Am Ende wird das Zertreten des Tausendfüßlers allerdings ins Schlafzimmer projiziert,[15] was auf die Mutmaßungen einer sexuellen Beziehung zwischen A... und Franck anspielt. Im weiteren Verlauf des Romans wird nur noch einmal der Abdruck erwähnt, den das Zerquetschen an der Wand hinterlassen hat.[16] Außerdem beschreibt der Erzähler gegen Ende des Romans einen ähnlichen Fleck auf den Fliesen der Terrasse und der Wand, der aber schon immer dagewesen sei.[17]

Der Roman *Die Jalousie* verhandelt letztlich, was von einer in der Vergangenheit abgeschlossenen Aktion noch in der Gegenwart zu sehen ist. Das Beseitigen des Tieres durch Franck ist außerdem ein verdächtiges Sozialverhalten – es weist auf die Nähe zwischen ihm und der Frau seines Gastgebers hin. Er schlüpft hier in die Rolle des Helden, da er die Ursache für den Schrecken von A... beseitigt, was eigentlich dem Ehemann zugestanden hätte. Die beobachtete Handlung, die der Erzähler immer wieder untersuchen und erzählen muß, erlangt so eine zentrale Bedeutung. Auch *Die Riesenzwerge* verhandelt das Auftauchen und die Sichtbarkeit eines Tieres. Der Bandwurm verweist ebenso auf die sozialen Beziehungen der Figuren im Text: Sie sind nie auf gleicher Augenhöhe, sondern stets in Herrschaftsverhältnisse verwickelt. Es geht wie beim Parasitismus ausschließlich um das Austarieren von Nutzen und Schaden sowie von Macht und Unterwerfung.

Beide Tiere, der Bandwurm aus den *Riesenzwergen* und der Tausendfüßler aus *Die Jalousie*, genießen zudem kein hohes Ansehen in der Wirklichkeit, da sie als Ungeziefer betrachtet werden. Sie haben aber noch eine weitere Gemeinsamkeit: Ihnen eigen ist ein streng gegliederter Körper, wobei jedes einzelne Segment mit einem kompletten Satz an Organen ausgestattet ist (wie beim Tausendfüßler)[18] oder der Kopf darüber hinaus das Potential besitzt, eine neue Gliederkette zu generieren (wie beim Bandwurm).[19]

---

14 Ebd., S. 91 f.
15 Ebd., S. 92.
16 Ebd., S. 113.
17 Ebd., S. 118.
18 Remane/Storch/Welsch: *Kurzes Lehrbuch der Zoologie*, a.a.O., S. 454 f.
19 Ebd., S. 407.

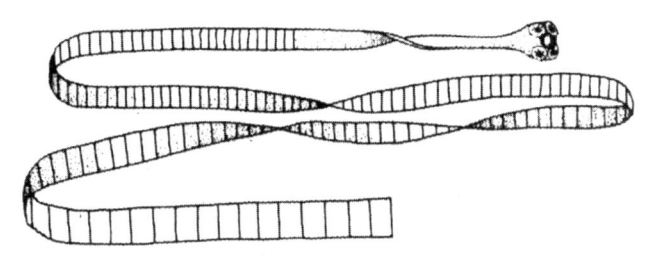

Abb. 2: Taenia solium (Schweinebandwurm)

Entscheidend für den literaturwissenschaftlichen Vergleich beider Texte ist, daß es morphologische Übereinstimmungen zwischen beiden Tieren gibt, die auf die jeweils ähnliche Textstruktur verweisen und die wiederum auch auf der narrativen Ebene reflektiert werden. Die Bauplanähnlichkeit von Tausendfüßler und Bandwurm verweist in erster Linie auf das Textmerkmal der Wiederholung. Wie sich im Tierkörper Segment an Segment oder Glied an Glied reiht, so werden sowohl in *Die Jalousie* als auch in *Die Riesenzwerge* Wörter, Satzteile, Sätze und sogar ganze Passagen repetiert.[20] Die »häufige Wiederkehr identischer Elemente«[21] ist nach Coenen-Mennemeier für den Nouveau Roman – und besonders für *Die Jalousie* von Robbe-Grillet – ein wichtiges Erzählverfahren. Weitere zentrale Merkmale sind für sie in diesem Zusammenhang die »›mise en abyme‹ (...), eine Spiegelung des Ganzen in einem seiner Teile« und die Variation, die »Abwandlung ein und desselben Ausgangsmaterials«.[22]

Auch diese Charakteristika zeichnen beide Texte aus. Der Tausenfüßler ist bei Robbe-Grillet ein Beispiel für eine solche Spiegelung, da über die wiederholte Erzählung seiner Tötung die Geschichte der Beziehungen zwischen dem Erzähler, seiner Frau A... und ihrem mutmaßlichen Geliebten Franck abgebildet wird. Für den Bandwurm aus den *Riesenzwergen* gilt das gleiche: Auch er spiegelt die Verhältnisse zwischen den einzelnen Figuren wider.[23] Ebenso prägen Variationen ein und desselben

---

20 In den *Riesenzwergen* werden durch Wiederholungen Figuren und Szenen verdoppelt. Eine dergestalt duplizierte Figur ist Lothars Großmutter, deren Verhalten dem von Lothars Mutter gleicht und mit den gleichen Wendungen beschrieben wird; vgl. Elsner: *Die Riesenzwerge*, a.a.O., S. 32 und S. 183. Die Szene, während der Lothar nach seiner erfolglosen Suche nach seiner Mutter bei einer fremden Familie am Eßtisch landet, wiederholt den Beginn des Buchs; vgl. ebd., S. 7 f. und S. 180 f. Im Roman *Die Jalousie* wird z.B. die Szene mit dem Tausendfüßler mehrfach wiederholt.

21 Coenen-Mennemeier: *Nouveau Roman*, a.a.O., S. 44.

22 Ebd.

23 Coenen-Mennemeier führt als Beispiele für solche Spiegelungen im Roman *Die Jalousie* u.a. »objektale Spiegelungen«, die die »Grenzziehung zwischen der primären und sekundären Ebene unterschlagen«, an; vgl. Coenen-Mennemeier: *Nouveau Roman*, a.a.O., S. 44. Die Autorin spielt hier darauf an, daß bei Robbe-Grillet die Übergänge (beispielsweise) zwischen textimmanenten Fotografien oder Bildern und dem Text selbst ohne rezeptionssteuernde Hilfestellung erfolgen. Diese Praxis findet sich auch

Themas beide Texte. Bei Robbe-Grillet wird das Töten der Scutigera mehrfach erzählt, wobei einzelne Fragmente schlicht wiederholt, andere jedoch abgewandelt werden. Es verändern sich auch die Größe des Tieres – es scheint in der Erinnerung zu wachsen – und der Blick des Erzählers auf weitere, die Scutigera betreffende Details. Bei der letzten Erwähnung wird die gesamte Szene sogar geleugnet; es wird behauptet, der Fleck, den das Zerquetschen an der Wand hinterlassen hat, sei schon immer da gewesen. In Elsners Roman gibt es ebenfalls solche Variationen, wie etwa die häufigen Schilderungen von Mahlzeiten oder das immer wieder neu erzählte Verhältnis des Arztes Dr. Trautbert zu Tieren – seien es Parasiten, Hunde oder Schafe.

Die Jalousie hebt, wie für den Nouveau Roman typisch, Oberflächen und Strukturen in den Blick. Ganz besonders prägnant ist in diesem Zusammenhang der Anfang des zweiten Kapitels, als A...s Gatte die talwärts gelegenen Bananenfelder der Plantage in Augenschein nimmt. Die geometrische Aufteilung der Parzellen und die Anordnung der einzelnen Pflanzen in Reihen leiten dabei seine Wahrnehmung. Diese Auflösung der Welt ins Mathematische führt so weit, daß der Erzähler schließlich die Anzahl der nebeneinanderstehenden Stauden auflistet: »Für die folgenden Reihen gelten die Werte: dreiundzwanzig, (...), neunzehn usw.«[24] Diese Textstelle wirkt insgesamt wie aus einer agrarbiologischen Studie entnommen und erscheint im literarischen Kontext auf den ersten Blick irritierend. Plausibel wird der ans Protokollarische grenzende Stil allerdings, wenn man ihn mit der Situation des Ehemanns in Verbindung bringt: Dieser erscheint nun als Detektiv, der Indizien für seine Vermutung, betrogen zu werden, sammelt und dabei die Umgebung auf das Sorgfältigste unter die Lupe nimmt. Für diese Interpretation spricht auch, daß der Erzähler unmittelbar nach jener Passage den Blick auf A... richtet und ihre von der Jalousie – dem zentralen Motiv des Textes – des Schlafzimmerfensters »in waagerechte Streifen zerschnittene Silhouette«[25] beschreibt. Unter dieser Optik, die von der eifersüchtigen Suche nach verräterischen Details überscharf geworden ist, scheint sogar die menschliche Gestalt in geometrische Muster zu zerfallen.[26]

---

in Elsners *Die Riesenzwerge*. Beispielsweise wird im letzten Kapitel, »Die Hochzeit«, ein Festsaal beschrieben, an dessen Wand ein Bild hängt, das eine Hochzeitsgesellschaft zeigt. An der gegenüberliegenden Wand befinden sich Fenster und Spiegel, die sowohl die gemalte als auch die »tatsächliche« Szenerie reflektieren; vgl. Elsner: *Die Riesenzwerge*, a.a.O., S. 267 ff. Die exakten Beschreibungen, die immer wieder die Position der Figuren der auf der Textebene »realen« Hochzeitsgesellschaft und derjenigen der abgebildeten Hochzeitsgesellschaft verorten und aufeinander beziehen, sind weniger rezeptionssteuernde Hilfestellungen denn verwirrende Verfremdungseffekte.

24 Robbe-Grillet: *Die Jalousie*, a.a.O., S. 19.
25 Ebd., S. 21.
26 Für die Darstellung des menschlichen Körpers als Ensemble geometrischer Figuren gibt es auch zahlreiche Beispiele aus der Malerei der Moderne, beispielsweise bei Picasso,

Der Ich-Erzähler in *Die Riesenzwerge* ist ebenfalls fasziniert von geometrischen Formen und vom Zählen. Während des Anfangskapitels sitzt er bei Tisch einem unbesetzten Stuhl gegenüber, den er eingehend mustert: »Ich zähle die senkrechten Stäbe der Stuhllehne, zähle bis sieben, versuche, sie zweimal hintereinander durchzuzählen und bleibe stecken bei zehn. Weiter kann ich nicht zählen. ›Vater‹, frage ich meinen Vater, den Oberlehrer, weil ich weiß, daß er es weiß, ›welche Zahl kommt nach zehn?‹ – ›Beim Essen‹, spricht mein Vater beim Essen, ›spricht man nicht.‹«[27]

Lothars Zählen scheitert, da er seinem geringen Alter gemäß noch nicht über zehn hinauskommt. Ein Vorstoß bei seinem Vater verläuft auch nicht befriedigend, der Vater hilft ihm nicht weiter, sondern maßregelt ihn. Anhand dieser Szene kann allerdings auch der fundamentale Unterschied zwischen den *Riesenzwergen* und der *Jalousie* deutlich gemacht werden: Die Zahlenspiele haben bei Elsner eine satirische Dimension. Hier ordnet sich die Welt nicht unter einer geometrisch inspirierten Perspektive neu – dieser Vorgang wird vielmehr ironisch gebrochen. Auch die Redundanz der Wiederholung kostet Elsner im letzten Satz des zitierten Abschnitts aus und kombiniert sie mit einem Paradoxon, wodurch die Sinnlosigkeit und Lächerlichkeit des bürgerlichen Verhaltenskodex dargestellt wird. Darüber hinaus entsteht eine bedrohliche Atmosphäre im Text, wenn man die Konnotationen dessen, was Lothar zählt, berücksichtigt: Die »senkrechten Stäbe« können mit den Eisenstangen eines Gefängnisses in Verbindung gebracht werden, und die Goldzähne, die er im aufgerissenen Mund seines Vaters zählen will – auch hier kommt er nicht weit, nämlich nur bis »eins«[28] – laden die Szene aggressiv auf.

Auch die Textpassage, in der Lothar versucht, die Schrift auf einem gerahmten Stück Papier zu lesen, kann als Satire auf den Stil des Nouveau Roman gelesen werden. Der analphabetische Ich-Erzähler beschreibt lediglich, was er an der Oberfläche sehen kann. Die Buchstaben werden dabei zu geometrischen Figuren aus nach links oder rechts geöffneten Halbkreisen und senkrecht oder schräg verlaufenden Strichen.[29] Wiederum ist diese auf ihre Art exakte Beschreibung dem Scheitern des Ich-Erzählers geschuldet, der den tieferen Sinn dahinter nicht erfassen kann. Besonders deutlich wird dies auch aufgrund der Tatsache, daß für ihn die »Lücken zwischen den Buchstaben«[30] und die Zwischenräume der Zeilen-

---

bei den Figuren Oskar Schlemmers und bei den Malern des russischen Konstruktivismus.
27 Elsner: *Die Riesenzwerge*, a.a.O., S. 8.
28 Ebd., S. 9.
29 Vgl. ebd., S. 187. Auf diesem Bild ist »Gott spricht die Wahrheit« zu lesen.
30 Ebd., S. 185.

abstände genauso wichtig sind wie die Buchstaben selbst. Die Betonung der Lücke,[31] die ja einen Bruch in einer Ordnungsstruktur darstellt, verweist auf die ebenso unberechenbar gewordene Welt, in der sich die Hauptfigur zu diesem Zeitpunkt befindet: Seine Familie ist nach dem Verschwinden seiner Mutter auseinandergefallen, und er wurde vom Stiefvater zur Großmutter abgeschoben.

Die Literaturkritik warf Elsner beim Erscheinen von *Die Riesenzwerge* vor, sie habe Peter Weiss' Text *Der Schatten des Körpers des Kutschers* plagiiert,[32] der von der Literaturwissenschaft mit dem Nouveau Roman in Verbindung gebracht wird.[33] Betrachtet man Robbe-Grillets Text genauer, dann finden sich dort ebenfalls Passagen, die Elsner einen derartigen Vorwurf hätten einbringen können.[34] Besonders augenfällig wird dies bei der Beschreibung eines Diners, das der Erzähler ausrichtet: »(...) die rechte Hand, die nacheinander das Messer, die Gabel und das Brot ergreift, die Gabel, die abwechselnd in die rechte und die linke Hand wandert, das Messer, das die Fleischbrocken Stück für Stück zerschneidet und nach jedem Schnitt wieder auf dem Tisch landet (...), das Auf und Ab der Gabel zwischen Teller und Mund, die rhythmischen Verzerrungen aller Gesichtsmuskeln während eines gründlichen Kauprozesses, der vor seiner Beendigung schon von einer beschleunigten Wiederholung begleitet wird: Die rechte Hand ergreift das Brot (...).«[35]

Dieser Textabschnitt ähnelt demjenigen, der *Die Riesenzwerge* eröffnet. Hier wie dort werden die Bewegungen der Essenden detailliert wiedergegeben und die Positionen des Bestecks aufgelistet.[36] Das Erzählte wirkt bei Robbe-Grillet ebenso befremdlich wie bei Elsner, weil ein bekanntes, alltägliches Ritual in einer Weise beschrieben wird, als wäre es etwas völlig Neues und Außergewöhnliches. Auch im Roman *Die Jalousie* dient dieses Erzählverfahren einer Neusemantisierung bekannter Rituale. In *Die Riesenzwerge* verdeutlicht die Passage jedoch vor allem die intrafamiliären Macht- und Abhängigkeitsverhältnisse, wobei autoritäre Erziehungsmethoden und patriarchale Strukturen kritisiert werden. Außerdem folgt unmittelbar auf diese häusliche Mahlzeit jene Szene, die die grauenerregende Ermordung

---

31 Der ursprüngliche Titel der *Riesenzwerge* lautete »Die Lücke« (so bezeichnet in Enzensbergers Anthologie *Vorzeichen* aus dem Jahr 1962), was die zentrale Bedeutung dieses Motivs unterstreicht.

32 Hellmut Jaesrich: »Der große Haufen oder die ganz klitzekleinen Super-Riesen«, in: »Der Monat«, H. 189, S. 74–77.

33 R.C. Perry: »Weiss' *Der Schatten des Körpers des Kutschers*. A Forerunner Of the Nouveau Roman?«, in: »The Germanic Review«, 1972, H. 157/3, S. 203–219.

34 *La Jalousie* von Robbe-Grillet erschien 1957, die erste deutsche Übersetzung *Die Jalousie oder die Eifersucht* 1959. Das Buch lag also in der Entstehungsphase von *Die Riesenzwerge* bereits vor.

35 Robbe-Grillet: *Die Jalousie*, a.a.O., S. 61.

36 Vgl. Elsner: *Die Riesenzwerge*, a.a.O., S. 7 f.

von Lothars leiblichem Vater schildert,[37] welche nur als Verweis auf den Faschismus nationalsozialistischer Prägung sinnvoll gedeutet werden kann. In den meisten Werken des Nouveau Roman, die häufig um eher ästhetische Fragen kreisen,[38] fehlen solche dezidiert sozialen oder historischen Bezüge.

Eine Taktik, die dagegen beide Texte auszeichnet, besteht darin, das Alltägliche als das Fremde darzustellen. Sie ist mit der Forderung an die Literatur vergleichbar, die der Autor Dieter Wellershoff in den 60er Jahren in seinen theoretischen Schriften gestellt hat, nämlich die »Fremdheit«[39] in der Literatur wiederherzustellen. Er meint damit, daß Literatur dann konservativ werde, wenn sie die Wirklichkeit »durch Abstraktion und Stilisierung radikal zu vereinfachen und (...) zu einem Bild aus wenigen sinnvoll ausgewählten, sinnvoll aufeinander bezogenen und deshalb bedeutend wirkenden Elementen«[40] zu ordnen versuche. Universelle Deutungsmodelle des Daseins würden dabei von Texten abgelöst, die einen sinnlich konkreten Erfahrungsausschnitt vorstellen, der das gegenwärtige alltägliche Leben in einem begrenzten Bereich zeigt.[41]

Die Äußerungen Wellershoffs ähneln den Bedenken, die die Nouveaux Romanciers formulierten: Die Lesenden würden den in Handlung und Figuren eingewobenen Deutungsangeboten der Autoren mißtrauen,[42] die gegenständliche Welt sei im Roman durch »Psychologie, Moral und Metaphysik«[43] zu sehr überformt. Interessanterweise beobachten sowohl Robbe-Grillet als auch Wellershoff an den literarischen Werken, die sich mit dem Problem des unglaubwürdig gewordenen Erzählens aufgrund von im Konventionellen erstarrten Darstellungsmitteln auseinandersetzen, daß sie Anleihen beim Film machen. Robbe-Grillet schreibt, daß das Kino »Bruchstücke von unmittelbarer Wirklichkeit« erzeugt, die ebenso wie die »fotografischen Konventionen«, also »die Zweidimensionalität, das Schwarzweiß, der Rahmen, die Maßstabsunterschiede«,[44] dazu beitragen können, durch eine Adaption die erstarrten Konventionen traditionell erzählter Literatur aufzubrechen. Auch

---

37 Er wird dort von einem kannibalischen Mob, der sich aus den ausgehungerten Gästen zusammensetzt und von Lothars zukünftigem Stiefvater angeführt wird, aufgefressen. Vgl. ebd., S. 29 ff.
38 Zumindest bei den Texten Robbe-Grillets aus den 50er Jahren ist das so; eine Ausnahme stellen die Werke von Claude Simon dar.
39 Dieter Wellershoff: *Literatur und Veränderung. Versuche zu einer Metakritik der Literatur*, Berlin 1969, S. 82.
40 Ebd., S. 87.
41 Ebd., S. 86.
42 Nathalie Sarraute: »Das Zeitalter des Argwohns«, in: dies.: *Zeitalter des Argwohns. Über den Roman*, Köln, Berlin 1963, S. 41–59, hier S. 45 f.
43 Alain Robbe-Grillet: »Dem Roman der Zukunft eine Bahn«, in: ders.: *Argumente für einen neuen Roman*, München 1965, S. 15–25, hier S. 18.
44 Ebd., S. 20 f.

Wellershoff sieht darin eine Lösungsmöglichkeit. Er spricht sich für eine »subjektive Blickführung« aus, die mit Kamerabewegungen verwandt ist. Diese Optik zeichne sich dadurch aus, daß sie »durch Zeitdehnung und Zeitraffung und den Wechsel zwischen Totale und Detail, Nähe und Ferne, Schärfe und Verschwommenheit des Blickfeldes, Bewegung und Stillstand, langer und kurzer Einstellung und dem Wechsel von Innen- und Außenwelt die konventionelle Ansicht eines bekannten Vorgangs und einer bekannten Situation«[45] auflöst. In einer Literatur, die sich an filmischen Mitteln orientiere, zeige sich »das Fremde, Ungesehene im scheinbar Bekannten«.[46]

Vergleichbares läßt sich für Robbe-Grillets Werke[47] wie auch für *Die Riesenzwerge* feststellen. Der szenische Aufbau, der Elsners Text prägt, und auch der Verzicht auf epische Passagen ähnelt der Erzählweise des Films, bei der die gleiche Handlung bisweilen in einer oder mehreren Einstellungen gezeigt wird. Auch finden sich viele der in Wellershoffs 1969 publizierten Essays geforderten Darstellungsmittel in den fünf Jahre zuvor veröffentlichten *Riesenzwergen* bereits antizipiert. Ein anschauliches Beispiel dafür bildet der Anfang des Kapitels »Die Insassen«. Dort besucht der Ich-Erzähler Lothar mit seiner Großmutter die Klinik, in der sein Onkel von seiner Alkoholabhängigkeit kuriert werden soll. Die Textpassage beginnt mit den Beobachtungen Lothars, als er durch nahe der Stadt gelegene Felder und Wiesen und an einer Müllkippe vorbei in Richtung des Sanatoriums geht:

Flogen sie unter den Flugzeugen hinweg, sahen die Vögel so groß aus wie Flugzeuge. Flogen sie hinab und setzten sich auf die Masten oder auf die Kabel zwischen den Masten, sahen die Vögel viel größer aus als die Flugzeuge. (...) Die Vögel verschwanden rascher hinter den Hügeln als die Flugzeuge hinter den Häusern. Es sah aus, als flögen die Vögel schneller als die Flugzeuge. (...) Die Masten steckten in den Wiesen rechts und links der Straße. Die Kabel (...) spannten sich schnurgerade bis zu den Horizonten beiderseits. (...) Und die Vögel auf den entfernteren Kabelstücken sahen aus wie Knoten. Auf den Wiesen, mit mehr Unkraut als Gras, mit größeren Brandflecken als Rasenflecken, lagen Büchsen und Flaschen und angekohlte und angefaulte Papier- oder Stoffetzen.[48]

Lothars Blick gleicht hier dem einer Kamera, und seine Erzählung beschränkt sich konsequenterweise auf das Sichtbare.

---

45 Wellershoff: *Literatur und Veränderung*, a.a.O., S. 89.
46 Ebd.
47 Robbe-Grillet wurde zu Beginn der 60er Jahre auch als Regisseur der Filme »L'Année dernière à Marienbad« und »L'Immortelle« bekannt. Diese Filme sind ebenfalls von den Darstellungsprinzipien, die der Autor für den Nouveau Roman formuliert hat, geprägt. Vgl. Blüher: »Die Dezentrierung der Erzählinstanz in Robbe-Grillets Romanen«, a.a.O., S. 92.
48 Elsner: *Die Riesenzwerge*, S. 214.

Aus seiner Perspektive verschwimmen die Größendimensionen, die Vögel erscheinen zunächst so groß wie oder sogar größer als Flugzeuge. Sein Blickfeld wirkt so zweidimensional wie das Bild, das von einer Kamera stammt und auf eine Leinwand projiziert wird. Um menschlichen Sehgewohnheiten dennoch möglichst nahezukommen, muß im Film Dreidimensionalität simuliert und Bildtiefe erzeugt werden. Im oben zitierten Textausschnitt wird das durch die Erwähnung der weiter entfernt sitzenden Vögel versucht, die dann »wie Knoten« aussehen – also unvergleichlich kleiner als Flugzeuge und auch wesentlich kleiner als Vögel selbst. Dadurch wird auf räumliche Distanz als ein Parameter mit Text- und Erzählfunktion verwiesen, der hier durch die überexakte Beschreibung Größenverhältnisse allerdings auf eine die Rezipierenden verwirrende Art und Weise relativiert. Weiterhin prägt der Wechsel zwischen Totale und Detail sowie Bewegung und Stillstand diese Szene. Das Blickfeld des Ich-Erzählers Lothar ist zuerst extrem weit und umfassend. Er sieht die Flugzeuge und Vögel am Horizont, die Strommasten und die »schnurgerade Straße«, die von ebensolchen Linien der gespannten Kabel bis zum Horizont begleitet wird. Es findet jedoch wie bei einem harten Schnitt ein jäher Wechsel der Einstellungsgröße statt. Ohne Übergang fällt der Blick des Ich-Erzählers von den weit entfernt sitzenden Vögeln auf die Wiesen am Wegrand, wo er Details wie Papierfetzen und Konservenbüchsen wahrnimmt.

Abschließend betrachtet können *Die Riesenzwerge* zusammen mit dem Konzept des Nouveau Roman – und *Die Jalousie* als Repräsentant dafür – als ein großer, dicht vernetzter Komplex gelesen werden. Die Erzählverfahren dieser Werke lehnen sich an filmische Narration an und versuchen mit der dadurch erzeugten Fremdheit bekannte Symbolisierungen aufzubrechen und neue Semantisierungen vorzunehmen. Dabei erscheint *Die Riesenzwerge* jedoch als eine Weiterentwicklung, da sich Elsners Text durch ein satirisches Schreibverfahren, das sich die typischen Stilmittel des Nouveau Roman zunutze macht, um die gesellschaftliche Schieflage in der Bundesrepublik des Nachkriegs darzustellen, von allen übrigen Werken dieses Feldes unterscheidet.

Abbildungen:
Adolf Remane/Volker Storch/Ulrich Welsch: Kurzes Lehrbuch der Zoologie, *6. Aufl., Stuttgart, New York 1989, S. 454 (Abb. 1) und S. 408 (Abb. 2).*

Chris Hirte

Gisela Elsner und die DDR

Aus Anlaß der Leipziger Buchmesse und der DDR-Veröffentlichung ihres Romans *Die Zähmung* im März 1986 kam Gisela Elsner erstmals zu einer Lesung in die DDR, die sie zuvor nur von Transitfahrten kannte. Ihren literarischen Einstand hatte sie 1977 mit einer »Leiselheimer«-Geschichte in einer Anthologie westdeutscher Prosa gegeben, 1982 wurde ihr in der Anthologie *BRD heute/Westberlin heute* mit einem ersten längeren Text, der »Zerreißprobe«, ein gewichtiger Platz eingeräumt, 1983 erschien *Abseits*, 1986 *Die Zähmung*, 1988 *Das Windei*, und 1990 wäre wahrscheinlich *Heilig Blut* gefolgt, hätte die DDR so lange durchgehalten. Erst Ende der 70er Jahre setzte sich im Verlag Volk und Welt die Einsicht durch, daß Gisela Elsner mit ihren Büchern ins Programm gehörte. Dahinter stand keine einhellige Begeisterung, sondern ein ganzes Bündel von Motiven, die Ausdruck einer zwiespältigen und auch routinehaften Sicht auf die Autorin waren. Ich selbst nehme mich davon nicht aus.

Um einige dieser Motive zu benennen: Gisela Elsner gehörte nach wie vor zu den wichtigen Größen der BRD-Literatur, sie hatte einen eigenen satirischen Ton entwickelt, sie galt wegen des Publikumserfolgs der *Riesenzwerge* als verblassende Modeautorin, ihre Knäuelsätze wurden als Marotte empfunden, sie war seit einiger Zeit der gehätschelte und zugleich kaltgestellte Paradiesvogel der DKP, sie machte von sich reden mit skurrilen Auftritten im Fernsehen, der Ruf der Unkalkulierbarkeit eilte ihr voraus, ihre neueren Bücher spitzten ihre Satire immer schärfer auf die aktuellen politischen Verhältnisse der Bundesrepublik zu. Am meisten sprach eigentlich für sie, daß sie in kein Schubfach paßte, daß sich in ihr ein unbändiges literarisches Temperament äußerte, daß sie es wagte, aus dem Kanon realistischen Erzählens auszubrechen. Eher unheimlich war die Hinwendung zur DKP, die zunehmende Politisierung ihrer Prosa, von der zu befürchten stand, daß sie mit dem Verlust beziehungsweise der Draufgabe ihrer dichterischen Potenz einherging.

Eine wichtige Rolle im Zusammenhang der Entscheidung für oder gegen Gisela Elsner spielte natürlich ihre Bewertung durch die SED. Stellungnahmen dazu gab es meines Wissens nicht, zu rechnen war jedoch mit Ablehnung beziehungsweise Mißtrauen – aus Gründen, auf die ich noch zu sprechen kommen werde. Unter welchen Umständen die Entscheidung für Gisela Elsner zustande kam, will ich kurz schildern, weil sie charakteristisch für die kulturpolitische Praxis in der DDR waren und weil sie das ambivalente Verhältnis zu dieser Autorin illustrieren.

Die Anthologie *BRD heute/Westberlin heute*, die 1980 zusammengestellt wurde, verfolgte mehrere Ziele zugleich. Bewährt hatte sich das Konzept zuvor schon als Möglichkeit, ein breiteres Spektrum der Schweizer und der österreichischen Gegenwartsliteratur zu erfassen. Die 800 Manuskriptseiten umfassende Auswahl sollte möglichst viele in der DDR bislang unveröffentlichte Autoren vorstellen, ohne das Titelkontingent des Verlages zu belasten. Da auch diese Auswahl dem politischen Proporz verpflichtet war, mußten linke Autoren angemessen berücksichtigt werden, und da links nicht gleich links war, hieß das: die DKP-nahen Autoren. Anthologien boten hierbei den Vorteil, daß linke Autoren, die nicht vorrangig aus ästhetischen, sondern politischen Gründen zu berücksichtigen waren, sozusagen *en bloc* abgearbeitet werden konnten – und das möglichst mit Texten, die sich auch unter literarischen Gesichtspunkten sehen lassen konnten.

Des weiteren war es möglich, Autoren einzubringen, die von der Zensur abgelehnt wurden, deren Bücher zum Beispiel vom Zoll beschlagnahmt wurden, wenn sie über die Grenze ins Land gelangten. Und waren die Autoren erst einmal in der DDR veröffentlicht, so die Kalkulation, war der Weg meist frei für ihre ›richtigen‹ Bücher. Schließlich konnten mit einer solchen Anthologie auch Schreibweisen, Weltsichten, Sujets in die DDR-Literaturlandschaft eingeschleppt werden, die dort unbekannt waren, abgelehnt, manchmal sogar als Tabubruch erlebt und mit Empörung quittiert – oder, wie zu befürchten, mit politischen Sanktionen belegt – wurden.

Alle diese Beweggründe spielten bei der Entscheidung für Gisela Elsner eine Rolle. Sie gehörte zu den wichtigen Namen der BRD-Literatur; als DKP-Mitglied konnte sie die linke Fraktion der Auswahl prominent besetzen, gleichzeitig konnte sie als bürgerliche Autorin gelten, die in provokanter Weise von den Normen des kritischen Realismus abwich. Pragmatisch ausgedrückt: Man konnte die DKP-Mitgliedschaft Elsners als Joker benutzen, um ein Stück literarischer Subversion in die DDR einzuführen.

Heute fällt es schwer zu begreifen, was an der Verletzung von belletristischen Stilnormen für die SED so subversiv war. Und es ist kaum noch zu verstehen, welche Ängste bei den Lektoren herrschten, als sie Ende der 70er, Anfang der 80er Jahre erstmals Texte von Peter Handke, von Ernst Jandl, von Hans Magnus Enzensberger, von Arno Schmidt verlegten. Das war zensuramtlich zwar genehmigt worden, aber jeder kannte geschaßte Kollegen, die irgendwann einmal ein Gedicht aufgenommen hatten, das hinterher den Zorn eines hochgestellten Genossen erregte.

Es ginge hier zu weit, die ästhetischen Normen der SED zu behandeln, wesentlich war nur, daß sich die SED hütete, eine Literaturtheorie zu verabschieden, der sie sich am Ende selbst hätte unterstellen müssen. Die Zensurhoheit blieb also bei der Partei, und die urteilte nach einfachen Grundsätzen, die sich im wesentlichen mit den Zollbestimmungen deckten. Erlaubt waren das »humanistische Erbe« und das »wirklich fortschrittliche Gegenwartsschaffen«, und was darunter zu verstehen war, bestimmte wiederum die SED. Das Erlaubte wurde unter dem Schwammbegriff »Realismus« zusammengefaßt, der sich am Formenkanon des 19. Jahrhunderts orientierte. Grundsätzlich suspekt war alle Literatur, die nach Einsetzen der Moderne mit den alten Mustern brach. Thomas Mann war realistisch, aber Kafka nicht, um es auf den kürzesten Nenner zu bringen. Erster Reflex war es daher, alles Fremde, Neuartige und Inkommensurable in der Literatur unter den Generalverdacht feindlicher Ideologie zu stellen.

Daß auch und gerade Gisela Elsner unter den Verdacht fiel, mit ihren Texten die realistischen Erzählnormen zu unterwandern, liegt auf der Hand. Mehr noch, ihre Erscheinung, ihr Auftreten, die kämpferische Attitüde, mit der sie gegen ein ganzes System zu Felde zog, war für DDR-Verhältnisse so ungeheuerlich, daß man es nicht ernst nehmen konnte. Das mußte Clownerie sein, dachte man sich, eine westliche Marotte, Salonradikalismus, alles Dinge, die man aus der DDR-Wirklichkeit ausblenden konnte, weil sie in der kontrollierten Öffentlichkeit schlicht nicht vorkamen.

Was aber kam, waren die Texte, und die enthielten Verdächtiges genug. Zum Beispiel Satire. Eine Verzerrung der Realität zum Zweck ihrer Kenntlichmachung galt in der DDR nur dann als tauglich, wenn sie eine eingrenzbare politische Stoßrichtung gegen den Feind verfolgte. Schon George Grosz, ein Säulenheiliger Gisela Elsners, wurde mit Argwohn bedacht, weil er alles, auch die sogenannte Arbeiterklasse, seinem entlarvenden Strich unterzog.

Dann ihr Stil. So wie sie schrieb kein ordentlicher Erzähler. Ihre Texte erschienen wie ironische Exerzitien, Verhöhnungen des Realismus, die das Erzählen höchstens parodierten, fragwürdig machten, *ad absurdum* führten, die keinen Imperfekt beschwören wollten, sondern das empörende Hier und Jetzt – und auch das wiederum mit Anspruch auf Allgemeingültigkeit. *Die Riesenzwerge* konnte man genausogut als Satire auf den deutschen Spießer Ost lesen, auch in der DDR gab es diese merkwürdige Lähmung und Starre nach dem Faschismus, die auf den

Riesenzwergen lastet – die Vergangenheit durfte nicht mehr existieren, und das Neue durfte nicht lebendig werden, weil die SED alles, was ein Eigenleben entwickelte, als Bedrohung ihrer Alleinherrschaft empfand und gern als Wiederaufleben des Faschismus denunzierte.

Leider kenne ich die Verlagsgutachten aus den 60er Jahren nicht, in denen die *Riesenzwerge* abgehandelt wurden. Denkbare Urteile: modischer Negativismus, Zynismus, Haß auf die Gesellschaft, auch auf das Positive, Formenspielerei, Darstellung von Marionetten statt echter, blutvoller Gestalten, Schwelgen in subjektivistischen Erzählritualen, statt ein tragfähiges Bild der Gesellschaft zu entwerfen. Also krasser Subjektivismus statt Streben nach gesellschaftskritischer Objektivierung. Doch als Elsner schließlich verlegt wurde und 1986 sogar zu einer Lesetour anreiste, wurde keiner dieser Vorwürfe gegen sie erhoben.

Wieder muß ich mehrere Gründe aufführen. Erstens: Die DDR war längst eine andere geworden. Die Kulturpolitik war nur noch Fassade, hinter der alles in sich zusammenbrach, die DDR-Literaten hatten den Bruch vollzogen, ihr besserer Teil lebte in offenem Dissens oder war schon in den Westen emigriert. Das Heft des Handelns war an die Stasi übergegangen, die nach den bekannten Mustern vorging und ebenfalls immer ohnmächtiger agierte. Literarische Dissidenten ließ man gewähren, solange sie nicht publizierten; Systemgegner ließ man in Ruhe, solange sie auf der Straße kein Transparent hochhielten.

Nicht inkriminierbar war 1986 das offene Bekenntnis zu Gorbatschow und seiner Politik, und darauf baute der erwachende Massenprotest allmählich auf, bis er drei Jahre später den Zusammenbruch des Regimes herbeiführte. 1986 allerdings war dieses Ende nicht abzusehen. Das dumpfe Klima einer ranzig gewordenen Angst vor staatlicher Gewalt, der Perspektivlosigkeit angesichts des atomaren Patts beherrschte alles Denken. Protest war, wo er denn stattfand, Untertanenprotest – muckerhaft, symbolisches Rappeln an der Kerkertür. Heroische Ausbrüche um den Preis der Existenz waren die Sache einzelner Verzweifelter oder durch Westprominenz gedeckter Schriftsteller, ein Ende dieses Dahinfaulens war nicht in Sicht.

Grund zwei: Nach der Anthologie mit der »Zerreißprobe« war *Abseits* von Gisela Elsner erschienen und hatte keinerlei Aufsehen erregt – Widerspruch, Kritik, Protest von seiten der Partei oder gar Sanktionen blieben aus. Das Buch wurde gekauft, die schätzungsweise 20.000 Exemplare wurden den Buchhändlern aus den Händen gerissen, es wurde gelesen und bewirkte das, worin ich als Lektor in der DDR das Hauptmotiv meiner Tätigkeit sah, indem es zusammen mit vielen anderen fremden Literaturen ein anderes Denken in der DDR verbreitete, also die von der SED gefürchtete Unterwanderung beförderte. Tatsächlich war zu spüren, daß viele aus dem Gefängnis der DDR-Ideologie ausbrachen, und sei es nur, indem sie eine Sprache fanden, mit der sie die »gesellschaftliche Produktion von Unbewußtheit« unterlaufen konnten – um es mit einem damals wichtigen Buchtitel von Mario Erdheim zu sagen. Leider sind derartige Wirkungen kaum belegbar, folglich auch nicht die spezifische Wirkung der Elsner-Romane.

Grund drei: Die einst so starren und unüberwindlichen Zensurschranken in der DDR wichen in den 80er Jahren mit jeder kleinen Grenzüberschreitung, so schien es, immer weiter zurück, bis die Zensur 1989 nur noch als Pro-Forma-Apparat existierte, der am Ende sogar den Genehmigungsstempel unter das gefürchtetste aller Bücher setzte, nämlich 1984 von George Orwell. Wobei hinzufügen ist, daß ein Zensor, der auf sich hielt, längst eine schmucke Orwell-Ausgabe in der Schrankwand hatte.

Grund vier: Gisela Elsner kam, sah und siegte. Sie hatte 1986 ihren großen Auftritt, und sie genoß ihn wie eine Königin. Sie las in Leipzig, Dresden und Berlin. Ausverkaufte Säle, Gedränge, atemlose Spannung. In Berlin, am Morgen ihrer wichtigsten Lesung im Palast der Republik, hatte sie die Stimme verloren. Sie verbrachte den ganzen Tag mit dem Inhalator vor dem Mund, der in aller Eile beschafft werden mußte.

Was sofort zu spüren war: Hinter der heiseren Stimme, hinter den Exerzitien aus verknäulten Sätzen, die sich, von ihr vorgelesen, übrigens vollkommen natürlich anhörten, steckte eine echte Schriftstellerin, eine, die keine Geschichten nach irgendwelchen wünschbaren Ergebnissen konstruierte, die nicht belehren, korrigieren wollte, sondern direkt aus ihrer ureigenen Hölle berichtete. Die BRD-Kritik nahm man ihr sowieso nicht ab, für fast alle war die Bundesrepublik, die solche Erscheinungen wie Gisela Elsner hervorbrachte, tausendmal verlockender als die muffige DDR. Nein, es ging um die auf Menschen gewendete Zerstörungskraft von Satire, es ging darum, daß Literatur abgrundtief böse sein durfte, ohne daß die Polizei einschritt, es ging um den atemberaubenden Vorgang, daß sich Haß und Wut, indem sie zu Literatur wurden, in Komik und befreiendes Gelächter verwandelten.

Das Befreiende war auch: Eine Schriftstellerin durfte jedes Maß sprengen, durfte Ungeheuerlichkeiten verkünden, krasse Ungereimtheiten von sich geben, alles mit ihrer monotonen, Gitanes-geräucherten Stimme, und alles war glaubhaft, authentisch, um ein Lieblingswort jener Zeit zu bemühen, weil es so sehr im Einklang mit ihrem Auftritt stand. Gisela Elsner erschien wie immer in Schwarz, während die Intendantin Vera

Oelschlegel, weiß gekleidet und platinblond gefärbt, während der ganzen Lesung neben ihr saß – als Kunstgeschöpf von höheren Gnaden, das den Kontrast zu dem sich auf ihrer Bühne abspielenden Naturereignis nicht deutlicher hätte demonstrieren können. Im anschließenden Bühnengespräch mit Oelschlegel verkündete Elsner unter anderem: »In der DDR lebt man fürstlich. Schon zum Frühstück gibt es Kaviar. Dennoch haben meine Begleiter hartnäckig versucht, mir die DDR mieszumachen. Ich lasse mir aber die DDR nicht miesmachen.«

Es spricht für den Grad der politischen Zerrüttung in der DDR, daß ihren Begleitern nach dieser Bekundung nichts passiert ist. Wenige Jahre zuvor wäre ihnen daraus ein Strick gedreht worden. Ein wenig spricht es vielleicht auch dafür, daß man der Autorin in den oberen Etagen der DDR-Macht die gleiche kränkende Narrenfreiheit zumaß, unter der sie in der DKP litt.

Um das Weitere kurz zu machen: Die DDR war für Elsner nur eine Art Platzhalter für ihre kommunistische Wunschprojektion. Die DDR-Realität interessierte sie nicht sonderlich, das war nicht ihr Spielfeld. Meine Versuche, sie mit dieser Wirklichkeit ein wenig bekanntzumachen, endeten in der Groteske – nicht nur in dem oben erwähnten Ausspruch, auch in ihrer Feststellung wenige Tage zuvor, daß man es in einem solchen Saustall wie der DDR keinen Tag aushalten könne. Der Anlaß für dieses Urteil: Sie kam von der Damentoilette des Dresdner Ratskellers und hatte dort kein Toilettenpapier vorgefunden.

Aber das Groteske jener Auftritte war auch dazu angetan, über die Abgründe hinwegzutäuschen. Gisela Elsner wurde unterschätzt, verkannt, und das meine ich auch selbstkritisch, eben weil sie den Humor aufbrachte, ihre inneren Widersprüche ins Groteske zu überführen. Daß es ihr nicht immer und nicht immer gleich gut gelingen konnte, war natürlich keine Schwäche, es hing mit dem katastrophenartigen Charakter dieser Produktionsweise zusammen. Verzweiflung läßt sich nicht künstlich erzeugen, Gelächter auch nicht, und wer es versucht, erntet hohles Wortgeklingel; wer unter diesem Maß des Katastrophenhaften bleibt, erzeugt Gewürztes, Gesalzenes, Launiges – Satire zwischen Loriot und Dieter Hildebrandt, wenn es hochkommt.

Gisela Elsner, da kann es keinen Zweifel geben, setzte sich das höchste Maß: Sie schlug sich, was ihre literarischen Maßstäbe betraf, mit Kafka, Kleist, Flaubert herum, um von ihnen zu lernen und um sie zu überwinden. Ihr Haß auf Kafka und Kleist gründete sich sowohl auf neidvolle Bewunderung wie auch auf Wut darüber, daß diese Dichter ihre Verzweiflungen und ihre dichterischen Temperamente in literarischen Nebenwelten auslebten, statt sie in den Aufruhr zu überführen. Diese blutig ernst gemeinte Forderung an sich selbst, an die Literatur und jeden anderen war die Entäußerung ihrer innersten Konfliktlage, eines Anspruchs an die Welt, der auf frühen Siegen gegen kindliche Unterdrückung beruhte und davon ausging, daß die ganze Welt so zu besiegen sei wie damals ihre Mutter und alles, was ihr an Zumutungen folgte.

Wer so gebaut ist, braucht klare Fronten, klare Feindbilder und starke Verbündete. Alles das hatte sie zur Verfügung. Ihr Feind war die bürgerlich-provinzielle Herkunftswelt, der Ursprung ihrer mißlungenen Zähmung, und die Klassenkampfideologie gab ihr die Mittel an die Hand, die sie brauchte, um ihre gesamte Lebenswirklichkeit zu polarisieren – in ein Gut und Böse, in ein zu bekämpfendes Negatives und ein anzustrebendes Positives, zu dessen Erreichung jedes Mittel recht ist, auch das Böse, das geeignet ist, das Böse zu vernichten. Mit Hilfe dieses privaten Kriegskommunismus, in dessen Zuspitzung sie dann nur noch Lenin und Stalin als ihre Helden erkannte, konnte sie sich quasi gottgleiche Urteils- und Vernichtungsbefugnis zuerkennen, und dieser Wahn wäre schon im Ansatz zerstoben, hätte sie nicht einen weiteren starken Verbündeten gehabt, nämlich ihre literarische Kapazität.

Elsners Schreiben war kein Ausdrucksmittel, das man sich aneignet wie das Stenoschreiben, es war ihre Art zu erleben. Sie literarisierte die Realwelt, um sie ihrem vernichtenden Regime zu unterwerfen und sich so erträglich zu machen. Das ist der Ort der Entstehung wahrhafter Literatur, der Ort, den Kafka in nächtlichen Sitzungen aufsuchte, um sich als teuflischer Demiurg zu entäußern und am Tage als angepaßter Angestellter weiterleben zu können. Es bleibt zu fragen, warum sich Gisela Elsner nicht für diese immerhin lebbare Aufspaltung entschied, sondern ihre literarische Gegenwelt partout in der politischen Realwelt geltend machen wollte und dafür die Aufspaltung in einen guten und einen bösen Menschen in Kauf nahm – und beides mit gleicher Inbrunst auslebte.

Vermutlich war es genau das trotzig-naive Ineinssetzen von innerer und äußerer Wirklichkeit, das im Bild von Don Quijotes Kampf mit den Windmühlenflügeln verewigt ist und die Wurzel des anarchischen Affekts darstellt. Zu den Vorzügen dieses Affekts gehört es, daß er blind ist für die eigenen Widersprüche. Gisela Elsner konnte sich zur letzten Verfechterin des leninistischen Jakobinertums in Deutschland ausrufen, ohne ihren Anspruch auf einen großbürgerlichen Lebensstil auch nur einen Moment in Frage zu stellen.

Es wäre falsch, diese äußeren und inneren Konstellationen, mit denen sie gespielt hat, bis sie ihnen zum Opfer fiel, als Ausdruck seelischer Krankheit zu verkennen. Im Gegenteil waren diese Konstellationen, und das verringert nicht das Leiden an ihnen, Anlaß und Voraussetzung ihres Schreibens. Nur so konnte Literatur so wahrhaftig werden, daß sie ins Mark traf, daß sie Wahrheiten aufspürte, die bis heute nicht gesagt werden können, ohne Protest und Haßreaktionen oder, was schlimmer ist, betretenes Schweigen auszulösen.

Fliegeralarm, ihr letzter Roman, kann aus dieser Perspektive als ihr empörendster und zugleich als ihr großartigster Roman gesehen werden, eine radikale Wegwendung von der vergleichsweise läppischen Kritik am System Kohl in ihrem Roman *Das Windei*, der sich wohl nicht zufällig im Rahmen der DKP-Propaganda bewegte und ihr dann selbst nicht mehr genügte. Für die DDR-Ausgabe 1988 erarbeitete sie eine stark revidierte Fassung, die dem Grund ihres Unbehagens aber nicht mehr abhelfen konnte.

Möglicherweise hat sie es dann im *Fliegeralarm* wie de Sade gezielt darauf angelegt, aus der Konfrontation mit ihrer eigenen Hölle Funken der Erkenntnis zu schlagen – wie das mit dem Faschismus wirklich war, wie tief er wirklich drinsteckte und noch immer steckt, nämlich schon in der heilen Spielwelt der Kinder, die aus dem bösen Geschehen herausgehalten werden sollen, aber die Erwachsenen an Bosheit längst in den Schatten stellen.

Die Wahrheit, die sie zutage fördert – daß Faschismus, der kollektive Tötungsaffekt, keine vergängliche politische Erscheinung war, sondern etwas, was den Menschen im Innersten betrifft, was man erst einmal in sich selbst erkennen und erfassen muß, bevor man anfängt, es anderen anzuhängen oder auszutreiben –, diese Erkenntnis traf den institutionalisierten Antifaschismus ins Mark und damit auch alle heuchlerischen Vergangenheitsbewältigungsrituale in Ost und West, zumal Elsner mit *Fliegeralarm* nicht etwa auf ein biologistisch begründetes Böses im Menschen abhob, sondern in ihrer perfiden Versuchsanordnung den kompletten SS-Staat in die Kinderwelt verlegte und damit ein Komplementärbild zu der in der Naziwirklichkeit real existierenden Kinderwelt schuf – der Welt der in den Konzentrationslagern ermordeten Kinder.

Das war ein atemberaubend kühner Griff, den vor ihr, soweit ich sehe, keiner gewagt hatte, und sie selbst blieb weit hinter dieser Ungeheuerlichkeit zurück, wenn sie danach beteuerte, daß sie und viele andere Kinder ihrer Generation die Nazijahre tatsächlich so erlebt hatten.

Der Zusammenbruch der DDR wurde zum persönlichen Zusammenbruch für Gisela Elsner. Schon 1986, nach dem Bruch mit dem Rowohlt Verlag, hatte sie mit dem Gedanken kokettiert, in die DDR überzusiedeln, da allerdings eher noch aus Sorge um ihre wirtschaftliche Existenz. Der Gedanke wurde aber wieder wach, als mit dem Zusammenbruch des Ostblocks auch ihre Projektionsfläche in der Bundesrepublik zusammenbrach: ihr elternhaßgesättigter Anarchokommunismus, mitgetragen von der spießig-braven DKP, als Waffe gegen die Vorherrschaft des borniertes Kapitals.

Das Entsetzen über den Zusammenbruch mischte sich mit der Verachtung für die konsum- und vereinigungstrunkenen DDR-Bürger, die ihr nach dem Fall der Mauer entgegenströmten. 1988 hatte sie noch geschrieben: »Meine zehntägige UdSSR-Reise hat mein Weltbild ins Wanken gebracht. Zu meinem Entsetzen bestätigte mir diese Moskau-Leningrad-Reise manches, was die Antikommunisten vorzubringen wissen. Das soll nicht heißen, daß ich nun zu einer Antikommunistin geworden bin. Es soll nur heißen, daß ich Zeit brauche, um dieses oder jenes intellektuell zu verkraften.«[1]

Ende Dezember 1989 bricht die heroische Fiktion, in der DKP einer welthistorischen Mission gedient zu haben, in sich zusammen: »Die DKP bekam pro Jahr 20 Mill. DM von der SED. Jetzt gibt es keinen lumpigen Heller mehr. Die ›UZ‹ bittet um Spenden. Alle Zeitschriften und Verlage der DKP sind bankrott. Alle hauptamtlichen Funktionäre müssen ehrenamtlich weiterwursteln. Es ist aus. Nur die Verehrung für Lenin hat mich dazu gebracht, in diesen widerwärtigen Verein einzutreten. Aus diesem Verein auszutreten und wieder einzutreten. Es gibt offensichtlich kommunistische Kommunisten und antikommunistische Kommunisten.«[2]

Alkohol und Medikamente können den Orientierungsverlust nicht wettmachen, ihr den Boden unter den Füßen nicht wiedergeben. Sie bewahrt ihren Humor, ihre Selbstironie, während sie wütet und tobt, während sie ihren Haß und auch ihre Zukunftsvisionen irgendwohin retten will. Ebenfalls Ende Dezember 1989 schreibt sie: »Statt de Sade lese, das heißt verschlinge, das heißt fresse ich geradezu Trotzki. Selbst wenn er sich irrt, irrt er sich mit einer hinreißenden Tollkühnheit. Man muß aufpassen, daß man sich von seiner Brillanz nicht auf politische Irrwege treiben läßt.«[3] Wenig später spielt sie mit dem Gedanken an politisch motivierte Raubüberfälle, um sich mit Geld zu versorgen. Mit der DDR hat sie scheinbar für immer abgeschlossen. Am 14. März 1990 schreibt sie: »Wenn der Versuch, den Sozialismus zu verwirklichen, dieses unsägliche Ende nahm, ist dies noch lange kein Beweis dafür, daß sich der Sozialismus nicht verwirklichen läßt.«[4]

---

1 Brief an Chris Hirte vom 27.1.1988.
2 Brief an Chris Hirte vom 29.12.1989.
3 Ebd.
4 Brief an Chris Hirte vom 14.3.1990.

Sympathie schenkt sie nur den sturen PDSlern, die nicht aus der Partei austreten und nicht »Helmut« schreien, sondern schweigen. In einem langen und wirren Aufsatz unternimmt sie es im April, die Substanz des Marxismus/Leninismus zu retten, ein letztes Mal mit dem Imperialismus und dem Wiedervereinigungstaumel der Deutschen abzurechnen. Zu ihrer Überraschung wird der Aufsatz vom »Neuen Deutschland« gedruckt.

In einem Brief vom 26. April 1990 ist sie dann entschlossen, nach Ostberlin überzusiedeln, kurz vor dem Ende der DDR noch DDR-Bürgerin zu werden. Sie klammert sich an den Glauben, daß es dort, und möglicherweise nicht nur beim »Neuen Deutschland«, noch eine Handvoll echte Kommunisten gibt: »Ich will DDR-Bürgerin werden. Ich blieb ja nur hier, um hier trotz der Hürden, die mir die DKP in den Weg stellte, für den Sozialismus zu kämpfen. Die DKP mißbraucht mich auf eine Weise, die ich trotz der größten Selbstdisziplin wohl nicht mehr lange dulden kann. Peter Berger vom ›ND‹ hat mir eine Wohnung (ein mittleres und ein kleines Zimmer im Zentrum Ostberlins) in Aussicht gestellt. Ich könnte dort als Untermieterin wohnen.«[5]

Das Umzugsdebakel ist zum Sujet eines Films geworden, man müßte auch aus diesem Grund vieles dazu sagen, was aber den Rahmen dieses Beitrags sprengt. Erst zwei Jahre später war sie in der Lage, das Geschehen mit Abstand zu betrachten und ein Fazit zu ziehen, das mir als Brief vom 5. März 1992 vorliegt und vielleicht geeignet ist, die mittlerweile nahezu komplett vollzogene Ersetzung Gisela Elsners durch Hannelore Elsner zu sabotieren, die Ersetzung durch ein sentimentales Abziehbild, dem sie nun absurderweise ihre Berühmtheit verdankt. Vielleicht hätte sie darüber eine Groteske geschrieben. Aber ihr Bericht liegt vor, und weil hier nicht der Raum dafür ist, den ganzen Brief wiederzugeben, muß dieser kurze Ausschnitt reichen: »Ich war ja nicht nur über die Niederlage des Sozialismus unsäglich verzweifelt. Zu der Verzweiflung kam der gigantische Schock, in den mich die Konfrontation mit der DDR-Wirklichkeit in dieser infernalischen Ostberliner Vorstadt versetzte. Wie kann jemand bei der Konfrontation mit etwas, über dessen Scheitern er dermaßen verzweifelt ist, zugleich dermaßen schockiert sein, fragte ich mich erst sehr viel später. Damals wußte ich nur, daß ich es niemals auch nur für eine Woche lang in dieser Wohnung aushalten können würde. Eher hätte ich es in einer Baracke ausgehalten als in dieser Kleinbürgerhölle.«[6]

Die Rest-DDR war der letzte Strohhalm, der letzte Zipfel einer großen Hoffnung, die sich dann als grausame Täuschung

---
5 Brief an Chris Hirte vom 26.4.1990.
6 Brief an Chris Hirte vom 5.3.1992.

erwies. Natürlich wäre es abwegig zu behaupten, daß Gisela Elsner an der Enttäuschung über den Untergang der DDR zugrunde gegangen ist. Aber ganz falsch ist es nicht.

Tjark Kunstreich

Gisela Elsners Kommunismus

Anmerkungen zum essayistischen Werk

Zu ihrem 70. Geburtstag und 15. Todestag im Mai 2007 kam die Schriftstellerin Gisela Elsner in den Genuß einer postumen Rehabilitation durch den Literaturbetrieb. Zahlreiche anerkennende, den Bann zu brechen argumentierende Artikel erschienen; die Herausgabe des Romans *Heilig Blut*, der bis dahin nicht in deutscher Sprache veröffentlicht worden war, lieferte einen angemessenen Anlaß, sich noch einmal mit einer schwierigen Autorin zu befassen. Verglichen mit dem hämischen Rummel um Oskar Roehlers Film »Die Unberührbare«, in dem der Sohn seiner Mutter eine zweifelhafte Reverenz erweist, waren die Jubiläumstexte ausgewogen, einige Elsner beinahe zugeneigt. Alle damaligen Versuche, den Trubel um den Film zur Vermarktung von Elsner als Privatperson zu nutzen, von der Vermarktung ihres Werkes ganz zu schweigen, waren grandios gescheitert, weil die Geschichte eines Scheiterns, wenn sie so mitleidlos vorgetragen wird, nicht dazu anregt, sich näher mit der Protagonistin zu befassen. »Die Unberührbare« fiel in die Aufbruchszeit des rot-grünen Projekts, als die Angehörigen von Elsners Generation gerade die Macht im Staat übernommen hatten. 1999 war noch nichts von jener heute selbstverständlichen Souveränität zu spüren, mit der die deutsche Geschichte behandelt wird. Es war die Zeit, in der die 68er ihre Tauglichkeit erst noch unter Beweis stellen mußten. Zu diesem Zweck war es notwendig, die vorgebliche Rebellion gegen die Väter umzudeuten und als Bemühung um die Zivilisierung der Bundesrepublik erscheinen zu lassen. »Die Unberührbare« fügte sich dieser Umdeutung umstandslos ein: Wer Kommunistin bleibt, endet im Wahnsinn, und selbst das Scheitern endet in der Versöhnung. Den Verhältnissen ist nicht zu entkommen, Rebellion: sinnlos.

Die Geschichte hingegen, die Gisela Elsner selbst zu erzählen hat, war 1999 noch zu nah. Ihr Werk unterlag einer zeitgeschichtlichen Sperrung, nicht nur, weil ihre Bücher jene Generation, von der gerade wieder die Rede ist, dem Spott der Nachgeborenen preisgegeben hätten, sondern weil die Autorin in Leben und Werk selbst unversöhnt geblieben ist. Heute läßt sich, nachdem wir in einem gleich mehrfach geläuterten Deutschland leben, offenbar leichter mit Elsner und ihrem Werk umgehen. Mühelos vermag man einzugestehen, daß Nazis Nazis sind, und wenn jemand das vergißt, dann ist die Empörung so allgemein, daß man fragen muß, ob sie nicht schon längst ein Reflex bar jeden Inhalts geworden ist. Geschichtsbewußt und selbstkritisch kann man nun eine Autorin loben, der man zugestehen muß, daß ihre Schilderungen, abgesehen von ihrer ideologischen Tendenz, gerade in der Rückschau treffend sind. Im folgenden möchte ich nicht von der ideologischen Tendenz absehen, sondern sie ins Zentrum stellen. Mit der ideologischen Tendenz wird der Einbruch der politischen Überzeugung eines Autors in sein Werk bezeichnet; jene Stellen, an denen die Schilderung eine Färbung bekommt, sei sie politischer oder moralischer Natur. Zu behaupten, in Elsners Werk wäre eine ideologische Tendenz erkennbar, ist mithin eine Untertreibung, ja eine Verniedlichung zum Zwecke der besseren Verdaulichkeit von Elsners Literatur, der damit aber ihr wesentliches Moment genommen wird: der Haß.

Gisela Elsners Kommunismus hat sehr viel mehr mit dem Haß auf die Verhältnisse im Kapitalismus und jene, die sie tagtäglich reproduzieren, zu tun als mit irgendeiner Utopie. Auch das wird nun wahrgenommen: »Wie auch immer man Gisela Elsner betrachtet, literarisch, biografisch, politisch, es gibt keinen Aspekt ihrer Existenz, der nicht eine Verweigerung von Proportion und Angemessenheit ausdrückte, der, anders gesagt, nicht Negation ausdrückte«, schreibt Ursula März.[1] Elsner wird ihren Furor als durchaus proportional und angemessen betrachtet haben; die Negation war keine Pose. Dennoch wollte sie sich damit nicht bescheiden und wurde 1977, als es schon nicht mehr *en vogue* war und einige Schriftsteller ihren Flirt mit der parteikommunistischen Linken beendet hatten – zum Beispiel Martin Walser –, Mitglied der Deutschen Kommunistischen Partei (DKP). Schon bei ihrem Aufenthalt in Rom in den 60er Jahren hatte sie Kommunisten kennengelernt.

(...) durch Gespräche mit ihnen und die Lektüre von Marx und Engels (...) begriff ich endlich, warum mich nicht einmal meines Vaters Bewunderung für Adenauer in die Arme der Sozialdemokraten hatte treiben können. Sich irgendwo zwischen den Klassen einzurichten, das ist für jemanden meiner Herkunft nicht möglich. Entweder bleibt man in dem Stall, in dem man geboren wurde, oder man schlägt sich auf die andere Seite. Die italienischen Kommunisten und die Lektüre von Marx, Engels und Lenin machten mir klar, daß es nicht darum ging, bürgerliche Statussymbole zu zerstören, sondern die Eigentumsverhältnisse zu verändern.[2]

---

1 In: »Die Zeit«, 3.5.2007.
2 Matthias Altenburg: »»Schreibprobleme müssen vom Autor gelöst, aber nicht beschrieben werden«. Gespräch mit Gisela Elsner«, in: ders. (Hg.): *Fremde Mütter, fremde Väter, fremdes Land*, Hamburg 1985, S. 144.

Sie meinte, in der weltweiten Auseinandersetzung zwischen real existierendem Sozialismus und Imperialismus Position beziehen zu müssen. Und zwar nicht, indem sie sich einer utopisch-sozialistischen Gruppierung, wie es sie zu der Zeit noch in größerer Zahl gab, anschloß, sondern der Partei, die sich erstens in historischer Kontinuität zum Widerstand gegen den Nazifaschismus begriff und zweitens als Agentur der historischen Entwicklung zum Sozialismus. Antiautoritäre Hoffnungen waren ihre Sache nicht, wer Revolution machen wollte, war ihrer Meinung nach auf Massen und Waffen angewiesen. Sucht man aber in ihrem Werk nach diesem Kommunismus, stößt man unweigerlich wieder auf die Negation. Der Roman *Abseits*, den sie ihren »Bredel« nannte,[3] war denn auch der einzige Versuch, auf eine satirische Umformung des Materials zu verzichten und ein Identifikationsangebot zu machen. »Ich habe den Fehler begangen, die Wirklichkeit nahezu ungebrochen in den Text zu transportieren, und Geschichten, die das Leben schreibt, sind stellenweise nicht sehr glaubwürdig. Deshalb muß der Autor die Realität zensieren; er muß, kraft seiner Einsichten, etwas gestalten, was plausibler auf die Wirklichkeit hinweist, als sie es aus sich selbst heraus je könnte.«[4]

Wenn die Wirklichkeit unerträglich ist, so war Elsner darum bemüht, sie in ihrer Literatur noch unerträglicher zu machen. Die Protagonistinnen und Protagonisten ihrer Romane sind nicht Subjekte ihrer Handlungen, sie vollziehen und vollstrecken zumeist in vollem Bewußtsein lediglich, was sie für unvermeidlich halten. Sie sind unglücklich, aber können sich nichts anderes als das Unglück vorstellen. Sie rationalisieren es, indem sie von den materiellen Bedingungen ihres Lebens absehen und so tun, als sei ihre Lebensweise von ihnen selbst gewählt. Das ist die kommunistische Fragestellung in Elsners Werk, die über die Negation hinausgeht: Warum unterwerfen sie sich? Warum machen sie mit, obwohl sie wissen, daß es kein richtiges Leben im falschen gibt? Obschon sie sich von der Kritischen Theorie ausdrücklich distanzierte – »die Theorien Marcuses und Adornos« seien »nichts weiter als terminologisch aufgedonnerte Banalitäten«[5] –, konnte sie von der Ideologiekritik nicht lassen, die ja genau diese Fragestellung aufwirft, aber nicht in Praxis übersetzen will.

Anders Elsner, die mit ihrer Mitgliedschaft in der DKP und in ihren Essays den Abgrund zwischen radikaler Gesellschaftskritik und gesellschaftsverändernder Praxis wenn schon nicht aufheben, so doch überbrücken will. So variiert sie diese Fra-

---
3 Ebd., S. 150.
4 Ebd.
5 Ebd., S. 146.

gestellung schon in den Titeln: »Das Frohlocken angesichts des Richtblocks«, »Wie man sich einfach unmöglich macht«, »Das lukrative Gewerbe einer Kerkermeisterin«, »Gefahrensphären« – um einige zu nennen. Dabei zeigt sich gerade in diesen Essays über Literatur, daß Elsner nicht von ihrer Doppelbödigkeit lassen kann. In »Gefahrensphären«, einem Aufsatz, der der 1988 erschienenen Sammlung ihren Namen gab, vollzieht sie nach, welchen Einfluß die Tätigkeit des Beamten Kafka auf die des Dichters Kafka hatte.

Kafka (...) bemühte sich bis zu seinem Lebensende, die Dichtung von dem Brotberuf, gegen den er eine geradezu dünkelhafte Mißachtung hegte, zu trennen. Dennoch pfuschte ihm der Beamte Kafka beträchtlich in sein dichterisches Handwerk. Auf seine Dichtung blieb nämlich keineswegs wirkungslos, daß Kafka vierzehn Jahre lang als Beamter der Prager Arbeiterunfallversicherung hinter einem Büroschreibtisch verbrachte, den er, weil sich darauf in Papieren festgehaltene ungeheuerliche Mißstände häuften, als ein »Ungeheuer« bezeichnete, während er die Akten, die er als Beamter zu bearbeiten hatte, weil sich darin zumal Gesetzesparagraphen tummelten, deren Interpretierbarkeit förmlich wucherte, »vertrackte Wesenheiten« nannte. Die Wirklichkeit, in die er als Beamter der Prager Arbeiterunfallversicherung in Form von Akten, Schriftstücken, Eingaben, Gesetzestexten, Einsprüchen, Statistiken und Bilanzen Einblick hatte, muß dem Dichter Kafka eine so doppelbödige wie trostlose Weltansicht vermittelt haben. Der Dichter Kafka haßte seinen Brotberuf zweifellos nicht weniger als seinen Vater. Trotzdem vereitelte eben dieser Brotberuf, daß aus Franz Kafka einer jener entlaubten Prager Poeten wurde, die, lechzend nach der Hintergründigkeit, geistige Verfinsterung mit Inspiration verwechselten.[6]

Am Beispiel der Erzählung »In der Strafkolonie« zeigt Elsner, daß Kafka keineswegs hellseherische Fähigkeiten in bezug auf Auschwitz entwickelt hatte, sondern sie entdeckt eine Parallele zum Exekutionsapparat in einer damals üblichen Holzhobelmaschine, deren Benutzung beinahe zwangsläufig zu Verstümmelungen führen mußte. Kafka verfaßte 1910 eine »Unfallverhütungsmaßregel bei Holzhobelmaschinen«, in der er die Wirkung dieser Maschine ausführlich beschrieb.

Zwischen dieser emotionslosen Schilderung eines Arbeitsvorgangs, der geradezu wie geschaffen wirkt, die Arbeiter wegen einer verwachsenen oder ästigen Holzstelle von einem Tag zum anderen für immerdar zu erwerbsunfähigen Krüppeln zu machen, lassen sich zur Schilderung des Exekutionsapparates in Kafkas Erzählung IN DER STRAFKOLONIE schon insofern leichter Parallelen ziehen, als eine der gängigsten Interpretationen der Erzählung darin besteht, Parallelen

---

6 Gisela Elsner: *Gefahrensphären*, Wien, Darmstadt 1988, S. 10.

zu Auschwitz zu ziehen. Dieser Vergleich ist jedoch schon deshalb an den Haaren herbeigezogen, weil in der Strafkolonie jeweils nur ein einzelner zum Tode Verurteilter unter der Aufsicht eines fanatisierten Offiziers von einem einzigen Soldaten exekutiert wird, während in Auschwitz wie in den übrigen KZs des Dritten Reiches Massenvernichtungen erfolgten, die ihre Opfer jeglicher Individualität beraubten. Auch unterscheiden sich diese Massenvernichtungen des Dritten Reiches von Einzelexekutionen der Kafkaschen Strafkolonie dadurch, daß der jeweils Verurteilte auf dem Exekutionsapparat den Brennpunkt eines ungemeinen Interesses einstmals begeisterter Zuschauer darstellte, während in Auschwitz und in anderen KZs mit teutonischer Tüchtigkeit unter Ausschluß der Öffentlichkeit im Akkord gemordet wurde. Zudem waren die Judenvernichtungen ein vom Antisemitismus propagierter Völkermord, bei dem Menschen nur aufgrund ihrer jüdischen Herkunft umgebracht wurden, während in Kafkas Erzählung jeweils ein einzelner wegen eines ganz bestimmten Verstoßes gegen einen ihm erteilten, ganz bestimmten Befehl auf eine seinem jeweiligen Verstoß abgestimmte Weise hingerichtet wird. (...)

Der Dichter Kafka schenkt seine Beachtung nicht den Qualen des Opfers. Vielmehr läßt er den gnadenlosen Offizier seinen Standpunkt vertreten und bestätigt damit die dem Beamten Kafka bekannte Tatsache, daß die Unmenschlichkeit kein Einzelfall, sondern ein genereller Faktor der Verhältnisse ist. Nicht anders als im Königreich Böhmen beschert in der Erzählung IN DER STRAFKOLONIE die Maschine Verstümmelungen oder den Tod. Was hierbei keine Rolle spielt, ist der Mensch mitsamt seinen Leiden und Qualen. Er ist nur ein Verurteilter, so wie die Arbeiter für die frühkapitalistischen böhmischen Industriellen nur »Kräfte« oder »Arbeitsmaterial« darstellten.[7]

Dieser heute fremd klingende Materialismus einer Kapitalismuskritik, die die Entmenschlichung der Menschheit zum Ausgangspunkt nimmt, ohne jedoch menschelnd und romantisch daherzukommen, hatte schon damals nicht besonders viele Anhänger. Zugleich aber ist diese Form der Kritik ein zentrales Element der Elsnerschen Ästhetik: Die Dichterin Gisela Elsner schenkt ihre Beachtung ebenfalls nicht den Qualen des Opfers, ihr ist es darum zu tun, die hinter und durch die Subjekte wirkenden Mechanismen des Kapitalismus mit den Mitteln der Satire kenntlich zu machen. Vernichtend wird Elsner, wo sie die Lüge aufspürt, zum Beispiel bei Heinrich von Kleist und Theodor Fontane. In ihrem Aufsatz »Das Frohlocken angesichts des Richtblocks« kontrastiert sie, ähnlich wie zuvor bei Kafka und später anhand von Ehebrecherinnen in der Weltliteratur, die vorherrschende Interpretation mit dem Material und seiner Bearbeitung durch den Autor.

---

7 Ebd., S. 34 ff.

Heutzutage wird dem MICHAEL KOHLHAAS eine thematische Brisanz, die man damals entweder überlas oder nicht hineininterpretierte, keineswegs abgesprochen. Legt man die Novelle richtig aus, wenn man von der Geschichte eines Aufruhrs redet, vom Aufruhr nämlich eines untadeligen Staatsbürgers, der um die Mitte des 16. Jahrhunderts sein Recht, nachdem er feststellen mußte, daß es ihm auf dem Instanzenweg verwehrt wird, auf eigene Faust zu erlangen sucht? Oder handelt es sich nicht vielmehr, so jedenfalls wie Kleist sie erzählt, um die Geschichte einer Unterwerfung, die erst durch das Moment des Aufruhrs ihre volle Tragweite gewinnt?[8]

Demnach handelt es sich nicht um die Frage der Legitimation von Waffengewalt in Verhältnissen, in denen man seinen Rechtsanspruch nicht durchsetzen kann, sondern die Schilderung des Aufruhrs ist ebenso wie die Zigeunerin, die Kohlhaas einen Zettel mit einer Weissagung zusteckt, ein Stilmittel, um die Notwendigkeit der Unterwerfung noch unter die schlechteste Herrschaft zu begründen. Dabei hätte die »Märkische Chronik«, auf deren Grundlage Kleist seine Novelle schuf, anderes zu Tage gefördert.

Die Frage, die sich dem Pferdehändler zunächst so handgreiflich stellte, daß er um eine Beantwortung nicht herumzukommen schien, die Frage, ob der Kampf mit Waffengewalt um das Recht, das auf dem Instanzenweg nicht erreichbar ist, zu bejahen oder zu verneinen sei, wird am Ende der Novelle, die, wie gesagt, in einem Erzählungsband mit dem Titel MORALISCHE ERZÄHLUNGEN publiziert wurde, insofern eine rein hypothetische, als Michael Kohlhaas ja doch durch einen Gerichtsbeschluß sein Recht zuteil wird: der Junker ist verurteilt, die Rappen sind dickgefüttert worden. Und so folgerichtig dem Leser das Vorgehen des Pferdehändlers, nach all seinen erfolglosen Versuchen, anfänglich erscheinen mußte, so überflüssig und ungerechtfertigt muß es ihm am Schluß erscheinen.

Wäre der Kampf des Michael Kohlhaas nun ebensowenig zu rechtfertigen gewesen, wenn der Junker seiner Strafe entgangen wäre und die Dickfütterung der Rappen nicht stattgefunden hätte?

Diese Frage hat Heinrich von Kleist nicht beantworten wollen, obwohl sie sich ihm bei der Lektüre der MÄRKISCHEN CHRONIK des Peter Haft so gestellt haben muß. In dieser Chronik ist nämlich weder von der Bestrafung des Junkers noch von einer Dickfütterung der Rappen die Rede. Die Wahrheit stand ganz offensichtlich hier auf seiten der Wahrscheinlichkeit.

Im Gegensatz zum Kleistschen Helden wurde Hans Kohlhaase schlichtweg hingerichtet, ohne sein Recht erlangt zu haben. Im Gegensatz zum Kleistschen Helden hat sich Hans Kohlhaase keineswegs einer Gerichtsbarkeit gestellt, deren traurige Zustände sein Fall – und

---

8 Ebd., S. 70 f.

nicht nur er – kaum besser hätte belegen können. (...) Im Gegensatz zum Kleistschen Helden wurde Hans Kohlhaase gefaßt, unbekehrt und keines Besseren belehrt von Martin Luther (...).[9]

Elsner betätigt sich hier als Ideologiekritikerin, die nachweist, daß schon die Struktur der Novelle daran krankt, daß Kleist die Wirklichkeit nachbessern mußte, um überhaupt zu seiner moralischen Fragestellung zu kommen. Die Verschränkung der Kritik romantischer Stilmittel mit der Frage, warum Kleist die Geschichte nicht hat schlecht ausgehen lassen können, beschreibt ein weiteres Moment der Elsnerschen Kritik. Wie verfremdet auch immer, muß die für alle nachvollziehbare Wirklichkeit im Verhältnis von Wahrheit und Wahrscheinlichkeit der Gradmesser der Beurteilung sein.

Beide nämlich, der Kleistsche Held wie der Kaufmann Hans Kohlhaase, bejahen die herrschende Gesellschaftsordnung trotz ihrer krassen Mängel grundsätzlich. Würden sie sich sonst mit einer derartigen Hartnäckigkeit immer wieder an die Gerichte wenden? Als Bürger nicht mehr den Deklassierten, sondern schon den Privilegierten zuzurechnen, wie sie es beide waren, streben beide nur eines an: in den Genuß der Privilegien zu gelangen, die ihnen auf dem Papier mittlerweile zuerkannt worden sind. Und das Widersprüchliche, ja das Selbstmörderische ihres Vorgehens liegt allein darin, daß sie beide gegen Gesetze verstoßen, auf deren strikter Einhaltung sie zugleich bestehen. Dieses Moment des Selbstmörderischen kommt am Ende der Novelle durch die Euphorie des zum Tode verurteilten Pferdehändlers angesichts des Richtblocks deutlich zum Ausdruck.[10]

Das ist, was Elsner auch in ihrer Literatur interessiert: Wie Menschen bewußt gegen ihre Interessen handeln und dies auch noch bejahen können. Diesem Selbstwiderspruch auf der Spur, ist die Änderung dieses Verhaltens schon angelegt, kann jedoch literarisch nicht ausgeführt werden, weil es in der Wirklichkeit nicht ausgeführt wird. Wenn aber die Literatur die Unterwerfung der Subjekte noch verdoppelt, gibt es für Gisela Elsner kein Halten mehr, vor allem dann, wenn sich diese Verdoppelung als realistischer Roman ausgibt und sein Autor als Realist gilt. In ihrem Essay »Wie man sich einfach unmöglich macht. Über Ehebrecherinnen in der Weltliteratur und die Moral der Bourgeoisie« untersucht sie *Rot und Schwarz*, *Madame Bovary*, *Anna Karenina*, *Lady Chatterley* und *Effi Briest*. Theodor Fontanes Roman nimmt sie zum Anlaß für eine scharfe Abrechnung mit der Doppelbödigkeit der bürgerlichen Moral.

Die Tatsache, daß Fontane am Ende des Romans dem gefühlsarmen, karrieristischen Baron von Instetten zu einem Freispruch verhilft, beinhaltet nicht nur eine Kapitulation vor der bürgerlichen

---

9 Ebd., S. 75 f.
10 Ebd., S. 78.

Moral, sondern auch einen Kniefall vor der Macht der herrschenden Klasse, deren Krücken das einzig Brauchbare sind, was die darauf humpelnde Moral zu bieten hat. Wer, bemüht, die Humpelei eilfertig in den Rang der wahrhaft hoheitsvollen Gangart zu erheben, hinterdreinhinkt, ist kein anderer als der Moralapostel Theodor Fontane, der aufgrund seiner Moral, die dazu dient, das zu verbergen, was jeder Realist ans Licht zu bringen trachtet, nicht einmal als ein Möchtegern-Realist zu bezeichnen ist. Daß man ihn dennoch zum hiesigen Realisten nach Hausmacherart adelte, verdankt Fontane nicht seiner Dichtung, sondern seiner Moral.

Was seinen lobpriesenen Roman betrifft, so ist die Moral von der Geschicht, daß diese Geschichte in keiner Weise der Wahrheit entspricht. Zwar hat selbstredend eine realistische Geschichte nicht nach Art Willi Bredels aus dem wahren Leben geschöpft zu werden. Doch sind im Falle von Fontane dessen Abweichungen von der wirklichen (Geschichte) nicht nur interessant, sondern auch im Hinblick auf dessen Roman höchst entlarvend. Offensichtlich bemüht, seinem von jeglichem Realismus bereinigten Roman im nachhinein ein Gran Realität zu unterjubeln, machte Fontane nach dessen Erscheinen öffentlich keinen Hehl daraus, daß sein Roman auf einer »Berliner Affäre«, wie er es heißt, fuße. Was Fontane, um dessen dichterische Freiheit es hier nicht geht, jedoch nicht an die große Glocke hängte, das plauderte er in einem vertraulichen Privatbrief aus, dessen Inhalt darauf hinweist, wie Fontane die Realität der Fuchtel der bürgerlichen Moral unterwirft. Gewissermaßen unter vier Augen vertraute Fontane dem Empfänger des besagten Briefes an, daß die »wirkliche Effi« trotz des Todes der fiktiven Effi in bester Gesundheit lebte und im Gegensatz (zu) der nach ihrer Scheidung vereinsamten Effi als »vortreffliche Pflegerin in einer großen Heilanstalt« tätig sei. (...)

Zwar sind die Geschichten, die das Leben schreibt, für Romaninhalte nicht immer tauglich. Aber die Geschichte der »wirklichen Effi«, die sich ihrer unsinnig gewordenen Damenhaftigkeit entledigte und als simple Lohnempfängerin den Zugang zu den schlechteren Kreisen schaffte, die immer noch besser sind als keine, enthält einen gesellschaftskritischen Zündstoff, an dem sich ein Theodor Fontane nicht die Finger zu verbrennen wagte. Seine Umfälschung der wahren Geschichte ist keine dichterische Freiheit, sondern ein Zugeständnis an den Opportunismus. Während sich die wirkliche Effi in die menschlichen Niederungen begab, mied diese Niederungen unser hiesiger hausgemachter Realist tunlichst, weil ein Moralapostel ohne seinen hohen Standpunkt leichterdings der Moral verlustig gehen und, eh er sich's versieht, zum Realisten werden kann.[11]

An dieser Stelle wird kenntlich, wie sehr Elsner Ideologieproduktion in der Literatur verabscheute und es selbst tun-

---

11 Ebd., S. 89 ff.

lichst vermied, ihre Literatur nach Tendenz aussehen zu lassen. Daß es dennoch nicht zu vermeiden war, hat weniger mit ihrer Literatur als mit der Epoche zu tun, in der sie lebte. Die heutige Rezeption Elsners, wie sie sich in Artikeln zu ihrem 70. Geburtstag ablesen läßt, scheint dies zu begreifen. Dennoch wird ihr unterstellt, allzusehr von der eigenen Biographie abhängig zu sein: »Wie die Frankfurter Schule sah Gisela Elsner in der Familie die Keimzelle des Faschismus – vor allem in ihrer eigenen, an der sie sich bis zum letzten Buch rächen wollte«, meint etwa Willi Winkler;[12] dabei war ihr Rachebedürfnis nicht nur persönlich gefärbt, sondern in ihrem Verständnis für eine Kommunistin unverzichtbar; es war schlicht ihr Geschichtsbewußtsein.

Sie widmet sich den Ehebrecherinnen mit einer Mischung aus analytischer Distanz und Verständnis, daß man meint, es mit realen Personen und nicht mit literarischen Figuren zu tun zu haben. An ihnen ist, auch wenn sie zugerichtet wurden und sich selbst dazu noch richteten, etwas wiedergutzumachen. Ihre Faschismuskritik, die Denunziation der Vätertäter, ist hingegen von einer Unversöhnlichkeit geprägt, die heutzutage verstörend wirkt, weil doch die gesellschaftliche Versöhnung längst stattgefunden hat, ihre Protagonisten entweder tot oder dem Tode nahe sind, und nicht zuletzt, weil der Dissens, der noch vom Zusammenhang von Kapitalismus und Faschismus weiß, von der objektiven Tendenz der Warenvergesellschaftung zur Barbarei, beinahe verstummt ist.

Gisela Elsner hat bis zum Schluß daran festgehalten, daß eine Verbindung von Ideologiekritik und gesellschaftlicher Veränderung unter den gegebenen Bedingungen möglich sei, selbst als absehbar wurde, daß, sollte eine solche Verbindung je realistisch gewesen sein, Kritik und Partei sich wieder voneinander entfernen und entgegengesetzte Positionen einnehmen. Für diese Möglichkeit der Negation der Negation einzustehen, war gewissermaßen das Positive, dessen Fehlen in Elsners Werk häufig bemängelt wird. Sie blieb der Frankfurter Schule tiefer verbunden, als sie es selbst wahrhaben wollte, und zwar nicht nur, weil sie mit ihr wußte, daß die Keimzelle des deutschen Faschismus die bürgerliche Kleinfamilie war: Sie sprach vom Standpunkt der Emanzipation, des möglichen wie uneingelösten Fortschritts. Eben dies macht ihre Negation umso rückhaltloser.

All jenen professionellen, passionierten Antikommunisten, die jetzt feixend und händereibend behaupten: ENDLICH SEID IHR KOMMUNISTEN AM ENDE, müssen wir deutschen Kommunisten, egal ob wir nun hüben oder drüben hausen, erwidern: DAS IST NICHT WAHR:

---

12 In: »Süddeutsche Zeitung«, 2.5.2007.

WIR FANGEN GERADE WIEDER EINMAL AN, DEN ANFANG DES ANFANGS DES WEGES ZU SUCHEN, DER UNS MÖGLICHERWEISE ZU UNSEREM ZIEL FÜHREN KANN.

Selbst wenn sich dieser Weg einmal als der falsche Weg erweisen sollte, wird dies wenigstens den Vorteil haben, daß unsere Nachgeborenen wissen, welchen Weg sie keineswegs einschlagen dürfen. Selbst wenn unsere Nachgeborenen ebenfalls einen Weg einschlagen sollten, der sich abermals als ein weiterer falscher Weg erweisen sollte, wird dies ebenfalls wenigstens den Vorteil haben, daß die Nachgeborenen unserer Nachgeborenen wissen, welchen Weg sie keineswegs einschlagen dürfen.

Irgendwann werden irgendwelche Nachgeborenen der Nachgeborenen unserer Nachgeborenen den richtigen Weg einschlagen, der sich offensichtlich inmitten eines Wirrwarrs von Irrwegen befindet.

Hoffentlich kommt uns Kommunisten die Hoffnung, unser Ziel zu erreichen, nicht abhanden, obwohl es den Anschein hat, als entfernte sich dieses Ziel um so weiter, je todesverächtlicher wir ihm zustreben, während wir auf irgendwelchen Wegen unterwegs sind. Denn ohne Hoffnung geraten wir ganz zwangsläufig ins Hintertreffen. Denn ohne Hoffnung bleiben wir gewiß mitten auf der Strecke stecken. Denn ohne Hoffnung gehen wir vor die Hunde. Falls dies der Fall sein sollte, wird die feixende, händereibende Sippschaft der professionellen, passionierten Antikommunisten zu Recht behaupten: ENDLICH SEID IHR KOMMUNISTEN AM ENDE.

Aber noch ist uns die Hoffnung trotz unserer höchst hoffnungslosen Lage nicht abhandengekommen. Wenn dies nämlich so wäre, fingen wir nicht gerade wieder einmal an, den Anfang des Anfangs des Weges zu suchen, der uns ungeachtet der Tatsache, daß es in diesem UNland vor Irrwegen förmlich wimmelt, möglicherweise zu unserem unendlich weit entfernt erscheinenden Ziel führen kann.[13]

Im Gegensatz zu der Unberührbaren des Films, zeigt sich Gisela Elsner hier ganz und gar nicht haltlos. Sie nimmt die historische Perspektive der Niederlagen der Versuche der menschlichen Emanzipation ein; aber sie tut dies im vollen Bewußtsein der Niederlage, nicht etwa um sie im Licht der Geschichte weichzuzeichnen oder ein besinnungsloses Weiterso zu predigen. Sie weiß, daß die Niederlage eine Niederlage ist, daß es an ihr nichts zu beschönigen, sondern aus ihr zu lernen gilt. Die Suche nach dem Anfang des Anfangs eines Weges beschreibt nicht eine hermetische, vielmehr beschwört sie eine offene Situation, die mit offenem Visier gemeistert werden will. Aber das »Wir« der »deutschen Kommunisten« gab es 1990, als diese kurze Stellungnahme in der Zeitschrift »Neue Deutsche Literatur« in der untergehenden DDR erschien, schon nicht einmal mehr als diesen, von Elsner formulierten, doch recht allgemeinen Konsens.

---

13 Gisela Elsner: »Stellungnahme«, in: »Neue Deutsche Literatur«, 38. Jg., 1990, H. 448, S. 64 f.

Seither vertieft sich der Abgrund zwischen kritischer und künstlerischer Reflexion der historischen Tendenz auf der einen und den Versuchen zu gesellschaftlicher Veränderung auf der anderen Seite. Und in der Rückschau stellt sich heraus, daß die bisherigen Vermittlungsversuche allesamt ebenso falsch waren, wie die Wege, die zu diesem Zweck betreten worden waren. Es gibt in den gespaltenen Verhältnissen keine Versöhnung von Erkenntnis über die Gesellschaft und ihre Subjekte mit Politik, die sich an einem bestimmten Punkt, so radikal sie sich geben mag, über bestimmte Erkenntnisse hinwegsetzen muß, um die Subjekte als Subjekte anzusprechen, die sie, nimmt man die eigenen Erkenntnisse ernst, in Wirklichkeit nicht sind. In ihrer Vorbehaltlosigkeit, nicht das Ziel, welches von ihr als historische Notwendigkeit, als Selbstverwirklichung der Vernunft begriffen wurde, wohl aber alle Wege dorthin in Frage zu stellen, stand Gisela Elsner weitgehend allein. Eine Situation, die ihr bekannt vorgekommen sein dürfte. Zur antikommunistischen Dissidentin wurde sie eben deswegen nie.

Auswahlbibliographie zu Gisela Elsner

I. Primärliteratur

1. Werke
Triboll. Lebenslauf eines erstaunlichen Mannes.
Zusammen mit Klaus Roehler, Olten, Freiburg i.Br. 1956.

Die Riesenzwerge. Ein Beitrag.
Reinbek 1964. Neuausgaben: Mit einem Nachwort
von Hermann Kinder, Hamburg 1995, Berlin 2001.

Der Nachwuchs.
Reinbek 1968.

Das Berührungsverbot.
Reinbek 1970. Neuausgabe: Hg. von Christine Künzel,
Berlin 2006.

Herr Leiselheimer und weitere Versuche,
die Wirklichkeit zu bewältigen. Erzählungen.
München, Gütersloh, Wien 1973.

Der Punktsieg.
Reinbek 1977.

Die Zerreißprobe. Erzählungen.
Reinbek 1980.

Abseits.
Reinbek 1982.

Die Zähmung. Chronik einer Ehe.
Reinbek 1984. Neuausgabe: Mit einem
Nachwort von Tjark Kunstreich, Berlin 2002.

Das Windei.
Reinbek 1987.

Friedenssaison. Oper.
Hannover o.J. (1988).

Gefahrensphären. Aufsätze.
Wien, Darmstadt 1988.

Fliegeralarm.
Wien, Darmstadt 1989. Korrigierte und überarbeitete
Neuausgabe: Mit einem Nachwort von Kai Köhler,
hg. von Christine Künzel, Berlin 2009.

Deutschsprachige Erstveröffentlichung
Heilig Blut.
Hg. und mit einem Nachwort von Christine Künzel, Berlin 2007.

Erstveröffentlichung aus dem Nachlaß
Otto der Großaktionär.
Hg. und mit einem Nachwort von Christine Künzel, Berlin 2008.

Briefe
Gisela Elsner/Klaus Roehler:
Wespen im Schnee. 99 Briefe und ein Tagebuch.
Hg. von Franziska Günther-Herold und Angela Drescher,
mit einem Vorwort von Reinhard Baumgart, Berlin 2001.

2. Einzelveröffentlichungen
»Zurück in die Höhlen«.
In: »Die Horen« 39 (1994), H. 174, S. 104–107.

»Zum Kehricht geworfen.
Briefe von Gisela Elsner an Karl-Heinz Jakobs«.
(1991-1992).
In: »Die Horen« 39 (1994), H. 174, S. 35–38.

»Vom Tick-Tack zum Tick«.
In: *Nie wieder Ismus! Neue deutsche Satire.*
Hg. von Christine Wolter, Berlin 1992, S. 171–172.

»Notburger«.
In: *Das Buch der geheimen Leidenschaften.*
Hg. von Julia Bachstein, Frankfurt a.M. 1991, S. 178–185.

»Der Sterbenskünstler«.
In: »Die Horen« 33 (1988), H. 149, S. 170–174.

»Die Dressurleistung schreibender Leisetreter.
Über Jetset-Journal-Literatur«.
In: »Kürbiskern« (1987), H. 4, S. 124–130.

»Der Schwamm«.
In: »Kürbiskern« (1986), H. 4, S. 4–15.

»Die Beseitigung der Probleme der Menschheit durch die
Beseitigung der Menschheit. Über Ulrich Horstmanns Schrift
›Das Untier – Konturen einer Philosophie der Menschenflucht‹«.
In: »Kürbiskern« (1984), H. 4, S. 76–80.

»Der Dissident oder das Opfer eines Unrechtsstaats«.
Aus dem Roman *Die Zähmung*.
In: »Kürbiskern« (1984), H. 1, S. 40–47.

»Kürzestgeschichten um Triboll – Der Dumme.
Herausragen. Noch eine Verwandlung«.
In: *Lesebuch Zukunft*. Hg. von Johanna Monika Walther,
Münster 1984, S. 55–56.

»Autorinnen im literarischen Ghetto«.
In: »Kürbiskern« (1983), H. 2, S. 136–144.

»Remake«.
In: *Liebesgeschichten. Arbeitstexte für den Unterricht*.
Hg. von Gerhard Köpf, Stuttgart 1982, S. 60–65.

»Gläserne Menschen«.
In: *Über die allmähliche Entfernung aus dem Lande.
Die Jahre 1968–1982*.
Hg. von Peter Faecke, Düsseldorf 1983, S. 30–50.

»Abseits. Auszug aus einem Roman«.
In: »Kürbiskern« (1982), H. 1, S. 14–27.

»Politisches Kauderwelsch.
Interpretationen politischer Statements«.
In: *Vom deutschen Herbst zum bleichen deutschen Winter*.
Hg. von Udo Klückmann, München u.a. 1981, S. 215–233.

»Clara Zetkin. 1857–1933«.
In: *Frauen. Porträts aus zwei Jahrhunderten*.
Hg. von Hans Jürgen Schulz, Stuttgart 1981, S. 158–171.

»Der Antwortbrief Hermann Kafkas auf
Franz Kafkas Brief an seinen Vater«.
In: »Tintenfisch« 19 (1980), S. 51–61.

»Die Verhinderung eines totalen Versorgungsstaats.
Über Regierungserklärungen der deutschen Bundeskanzler
von Adenauer bis Schmidt«.
In: »Kürbiskern« (1980), H. 3, S. 5–18.

»Der Bunte Abend am Nachmittag«.
In: *An zwei Orten zu leben. Heimat-Geschichten*.
Hg. von Vera Botterbusch und Klaus Konjetzky,
Königstein/Ts. 1979, S. 201–221.

»Das Pop-Papp-Party-Projekt«.
In: *Das Landsberger Lesebuch. Prosa, Lyrik und Kunst
aus oder über den Landkreis Landsberg/Lech.*
Hg. von Rodja Weigand, (Schwifting) 1979, S. 73–80.

»Hohmeier«.
In: *Das Lächeln meines Großvaters
und andere Familiengeschichten.*
Hg. von Wolfgang Weyrauch, Düsseldorf 1978, S. 305–311.

»Liebstöckel«.
In: »Kürbiskern« (1977), H. 2, S. 6–13.

»Die Schattenspender«.
In: *Unartige Bräuche. Eine Anthologie der Eremiten-Presse.*
Zusammengestellt von Friedolin Reske und Dieter Hülsmanns,
Düsseldorf 1976. Sp. 67–70.

»(Beantwortung einer Umfrage über Mittel
und Bedingungen schriftstellerischer Arbeit)«.
In: *Gegenwartsliteratur: Mittel und Bedingungen ihrer Produktion.
Eine Dokumentation. Über die literarisch-technischen und verlegerisch-ökonomischen Voraussetzungen schriftstellerischer Arbeit.*
Vorlesungszyklus von Otto F. Walter an der Universität Basel.
Umfrage unter Autoren und Verlegern aus dem ganzen deutschen Sprachgebiet. Hg. von Peter André Bloch, Bern u.a. 1975.
S. 209–210.

»Frau Wiegenstein arbeitet«.
In: »Kürbiskern« (1972), H. 2, S. 220–230.

»Das Erkenntnisverbot«.
In: *Selbst/Kenntnisse*.
Hg. von Walter Aue, Bad Homburg 1972, S. 167, (= Typos 2).

»Die Auferstehung der Gisela Elsner«.
In: *Vorletzte Worte. Schriftsteller schreiben ihren eigenen Nachruf.*
Hg. von Karl Heinz Kramberg, Frankfurt a.M. 1970. S. 54–60.

»Der Einstand. The initiation«. (dt.-engl.)
Trans. by Minetta Goyne. In: »Dimension« 3 (1970), S. 18–41.

»Ein langer Zug von Leuten«.
In: *Grenzverschiebungen.*
Neue Tendenzen in der deutschen Literatur der 60er Jahre.
Hg. von Renate Matthei, Köln, Berlin 1970, S. 138-141.

»Der Nachwuchs«.
In: »Akzente« 15 (1968), H. 3, S. 259-266.

»Für Heinrich Maria Ledig-Rowohlt«.
In: *Heinrich Maria Ledig-Rowohlt zuliebe - Festschrift zu seinem 60. Geburtstag am 12. März 1968.* Hg. von Siegfried Unseld, Reinbek 1968, S. 19.

»Die Prozession«.
In: *Alle diese Straßen.*
Hg. von Wolfgang Weyrauch, München 1965, S. 248-268.

»Das Vorbild«.
In: »Kursbuch«, Nr. 3 (1965), S. 180-186.

»Die Lücke (Das Wartezimmer. Die Mahlzeit)«.
In: *Vorzeichen - Fünf neue deutsche Autoren.*
Hg. von Hans Magnus Enzensberger, Frankfurt a.M. 1962, S. 111-156.

»Der Sonntag eines Briefträgers«.
In: *Drei Erzählungen aus unserer Zeit.* Tokyo (o. J.).

»Daniel in der Sardinenbüchse«.
In: »Akzente« 6 (1961), H. 1, S. 61-75.

»Kürzestgeschichten um Triboll«.
In: »Akzente« 2 (1955), H. 6, S. 518-519.

II. Sekundärliteratur

1. Eigenständige Veröffentlichungen
Brodbeil, Peter/Pichta, Beate/Riedel, Nicolai/Schedlinski, Walter:
Literarische Objektivation - Entfremdung in der Literatur oder entfremdete Literatur. Interpretation zu Gisela Elsners Die Riesenzwerge, Typoskript 1975, leicht überarbeitet 1977 (Selbstverlag).

Flitner, Christine:
Frauen in der Literaturkritik: Gisela Elsner und
Elfriede Jelinek im Feuilleton der Bundesrepublik Deutschland.
Pfaffenweiler 1995, (= Frauen in der Literaturgeschichte 3).

Cremer, Dorothe:
»Ihre Gebärden sind riesig, ihre Äußerungen winzig«:
Zu Gisela Elsners Die Riesenzwerge. Schreibweise und soziale
Realität der Adenauerzeit, Herbolzheim 2003.

Mindt, Carsten:
»Verfremdung des Vertrauten. Zur literarischen Ethnografie
der Bundesdeutschen im Werk Gisela Elsners«,
Diss., Universität Hamburg 2008 (noch unveröffentlicht).

2. Aufsätze
Weber, Werner:
»Gisela Elsners *Riesenzwerge*«.
In: »Eckart-Jahrbuch« 1964/65 (1965), S. 314–318.

Gerhardt, Marlis:
»Gisela Elsner«.
In: Heinz Puknus (Hg.): *Neue Literatur der Frauen: Deutschsprachige Autorinnen der Gegenwart*, München 1980, S. 88–94.

Preuß, Werner:
»Von den *Riesenzwergen* bis zur *Zähmung*.
Zu Gisela Elsners Prosa und ihren Kritikern«.
In: »Kürbiskern« (1985), H. 1, S. 119-130.

Kesting, Hanjo:
»Die triste Wahrheit der Satire – Laudatio auf Gisela Elsner«.
In: »Die Horen«, Jg. 33, H. 1, Nr. 149 (1988), S. 161–169.
Auch in: ders.: *Ein Blatt vom Machandelbaum*,
Göttingen 2008, S. 245–256.

Litwinez, N(ina):
»Die BRD-Autorin Gisela Elsner«.
In: »Kunst und Literatur« 39 (1988), H. 2, S. 182–191.

Kässens, Wend/Töteberg, Michael:
»Gisela Elsner«.
In: Heinz Ludwig Arnold (Hg.):
Kritisches Lexikon zur deutschsprachigen Gegenwartsliteratur (KLG),
42. Nlg., München 1992, S. 1–12. Fortsetzung: Michael Töteberg, 73.
Nlg., München 2003, S. 13–14, 92. Nlg. (Stand: 1.4.2009), S. 14–16.

Małgorzata, Pólrola:
»Zieht das Ewig-Weibliche (noch) hinan? Zwei Portraits
unerotischer Körperlichkeit: Arno Schmidt und Gisela Elsner.«

In: *Das Erotische in der Literatur*,
hg. von Thomas Schneider. Frankfurt a.M. u.a. 1993, S. 145–165,
(= Gießener Arbeiten zur neueren deutschen Literatur und Literaturwissenschaft 13).

Armanski, Gerhard:
»›Als wäre gerade dies, der Mensch, das Allermenschlichste‹:
Gisela Elsner und die Nachtgewächse der Normalität«.
In: ders.: *Fränkische Literaturlese – Essays über Poeten
zwischen Main und Donau*, Würzburg 1998, S. 37–53.

Opitz-Wiemann, Carola:
»Gisela Elsner«.
In: Ute Hechtfischer u.a. (Hg.):
Metzler Autorinnenlexikon,
Stuttgart 1998, S. 158–159.

Lieskounig, Jürgen:
»Gisela Elsner: *Die Riesenzwerge*«.
In: ders.: *Das Kreuz mit dem Körper*, Frankfurt a.M. u.a. 1999,
(= Europäische Hochschulschriften I/1722), S. 95–111.

Mindt, Carsten:
»Gisela Elsner und die Politik«.
In: »Konstellationen. Zeitschrift für Literatur,
Kultur & Gesellschaft« (April 2002), S. 28–34.

Polt-Heinzl, Evelyne:
»›Ich war die erste Frau, die eine Satire (…) schrieb‹:
Gisela Elsner (1937–1992)«.
In: dies.: *Zeitlos. Neun Porträts. Von der ersten Krimiautorin
Österreichs bis zur ersten Satirikerin Deutschlands*,
Wien 2005, S. 183–204.

Künzel, Christine:
»Gisela Elsner, *Die Riesenzwerge* (1964)«.
In: Claudia Benthien/Inge Stephan (Hg.):
Meisterwerke – Deutschsprachige Autorinnen im 20. Jahrhundert,
Köln, Weimar, Wien 2005, S. 93–109.

Künzel, Christine:
»Tot oder gezähmt: Gewaltbeziehungen in Gisela Elsners
Romanen *Abseits* (1982) und *Die Zähmung* (1984)«.
In: Robert Weninger (Hg.): *Gewalt und kulturelles Gedächtnis:
Repräsentationsformen von Gewalt in Literatur und Film seit 1945*,
Tübingen 2005, S. 111–127.

Künzel, Christine:
»Make-up als Mimikry:
Die Gesichter der Autorin Gisela Elsner (1937–1992)«.
In: Christian Janecke (Hg.): *Gesichter auftragen:
Argumente zum Schminken*, Marburg 2006, S. 155–173.

Künzel, Christine:
»Eine ›schreibende Kleopatra‹: Autorschaft
und Maskerade bei Gisela Elsner«.
In: Christine Künzel/Jörg Schönert (Hg.):
*Autorinszenierungen. Autorschaft und literarisches Werk
im Kontext der Medien*, Würzburg 2007, S. 177–190.

Smith-Prei, Carrie:
»Böser Blick, entblößte Brust: Der Autorinnenkörper als Gegenstand des literarischen Skandals. Gisela Elsner und Renate Rasp.« In: Stefan Neuhaus/Johann Holzner (Hg.):
Literatur als Skandal. Fälle – Funktionen – Folgen,
Göttingen 2007, S. 549–558.

Künzel, Christine:
»Leben und Sterben in der ›Wirtschaftswunder-Plunderwelt‹:
Wirtschafts- und Kapitalismuskritik bei Gisela Elsner«.
In: Dirk Hempel/Christine Künzel (Hg.):
*»Denn wovon lebt der Mensch?«. Literatur und Wirtschaft –
eine Bestandsaufnahme*, Frankfurt a.M. u.a. 2009, S. 169–192.

Künzel, Christine:
»Kleopatra im Plattenbau: Gisela Elsners Blick auf die Wende
und Oskar Roehlers Film ›Die Unberührbare‹«.
In: Ortrud Gutjahr (Hg.):
*Intrakulturelle Fremdheit: Inszenierungen deutsch-deutscher
Differenzen in Literatur, Film und Theater nach der Wende*,
Würzburg 2009 (im Erscheinen).

Autorinnen und Autoren

Chris Hirte, geboren 1948; Berufsausbildung zum Chemielaboranten. Studium der Germanistik/Anglistik an der Humboldt-Universität zu Berlin. 1973–1990 Lektor für englischsprachige und deutsche Literatur im Verlag Volk und Welt, Berlin. 1991–1994 Lektor beim Byblos Verlag Berlin und beim Argon Verlag Berlin. Ab 1994 freiberuflicher Übersetzer aus dem Englischen. 1999 Übersetzerpreis der Ledig-Rowohlt-Stiftung. Publikationen u.a.: Herausgeber der DDR-Editionen von Erich Mühsam, Arno Schmidt, Ernst Jandl, Rolf Dieter Brinkmann. Übersetzungen u.a.: Alberto Manguel: *Im siebenten Kreis* (1996); *Im Spiegelreich. Essays* (1999), *Tagebuch eines Lesers* (2005); William Boyd: *Armadillo* (1999), *Eines Menschen Herz* (2005), *Ruhelos* (2007), *Das Schicksal der Nathalie X. Erzählungen* (2007); Jonathan Franzen: *Anleitung zum Einsamsein. Essays* (2002), *Die 27. Stadt* (2003).

Bernhard Jahn, geboren 1962. Privatdozent am Institut für Germanistik der Otto-von-Guericke-Universität Magdeburg. Studium der Germanistik und Musikwissenschaft an der LMU München, 1992 Promotion über Raumkonzepte in der Frühen Neuzeit. Seit 1995 in Magdeburg, dort 2002 Habilitation: *Die Sinne und die Oper. Sinnlichkeit und das Problem ihrer Versprachlichung im Musiktheater des nord- und mitteldeutschen Raumes (1680–1740)* (2005). Forschungsschwerpunkte: Historische Anthropologie, Zeremoniell, Genealogie, Intermedialität (Text-Musik), Theater, Krieg und Literatur, Rhetorikforschung. Publikationen u.a.: zus. mit Thomas Rahn und Claudia Schnitzer: *Zeremoniell in der Krise. Störung und Nostalgie* (1998); zus. mit Kilian Heck: *Genealogie als Denkform in Mittelalter und Früher Neuzeit* (2000); zus. mit Otto Neudeck: *Tierepik und Tierallegorese. Studien zur Poetologie und historischen Anthropologie vormoderner Literatur* (2000).

Elfriede Jelinek, geboren 1946. Österreichische Schriftstellerin. Auszeichnungen u.a.: 1984 Österreichischer Würdigungspreis für Literatur; 1986 Heinrich-Böll-Preis; 1987 Literaturpreis des Landes Steiermark; 1998 Georg-Büchner-Preis; 2002 und 2004 Mülheimer Dramatikerpreis; 2003 Else-Lasker-Schüler-Preis für das gesamte dramatische Werk; 2004 Literaturnobelpreis. Werke u.a.: *Die Klavierspielerin* (1983), *Krankheit oder Moderne Frauen* (1987), *Lust* (1989), *Totenauberg* (1992), *Wolken.Heim* (1993), *Raststätte* (1995), *Die Kinder der Toten* (1995), *Das Werk* (2003), *Gier* (2000), *Rechnitz* (2008), *Die Kontrakte des Kaufmanns* (2009).

Christine Künzel, geboren 1963. Literatur- und Kulturwissenschaftlerin. 1986–1989 Schauspielstudium an der Schule für Schauspiel in Kiel, 1991–1997 Studium der Germanistik, Amerikanistik und der Philosophie an der Universität Hamburg und der Johns Hopkins University in Baltimore (USA). 2002 Promotion an der Humboldt-Universität zu Berlin. Lehraufträge an den Universitäten in Hamburg, Hannover und Oldenburg. 2006 bis 2009 verschiedene Vertretungsprofessuren am Institut für Germanistik II der Universität Hamburg. Seit 2006 Herausgeberin der Werke Gisela Elsners im Berliner Verbrecher Verlag. Publikationen u.a.: *Vergewaltigungslektüren: Zur Codierung sexueller Gewalt in Literatur und Recht* (2003); *Unzucht – Notzucht – Vergewaltigung. Deutungen und Definitionen sexueller Gewalt von der Aufklärung bis heute* (Hg., 2003); *Autorinszenierungen. Autorschaft und literarisches Werk im Kontext der Medien* (Hg. zus. mit Jörg Schönert, 2007) sowie zahlreiche Beiträge zu Gisela Elsner.

Tjark Kunstreich, geboren 1966. Publizist und Sozialarbeiter. Seit 1992 als Ideologiekritiker tätig, Mitherausgeber der Kriminalromane von Joseph Hansen in deutscher Sprache, 1995–1999 Übersetzer (aus dem amerikanischen Englisch) und Redakteur der Krimi-Reihe Pink Plot; 1998 bis 2008 zahlreiche Beiträge in »Konkret«, »Jungle World« und »Bahamas« und verschiedenen Büchern. Publikationen u.a.: Nachwort zur Neuauflage von Gisela Elsners Roman *Die Zähmung* (2002); *Ein deutscher Krieg. Über die Befreiung der Nation von Auschwitz* (1999); *Nach dem Westen* (2004).

Carsten Mindt, geboren 1973. Lehrer für Deutsch und Biologie an einem niedersächsischen Gymnasium (seit 2005, Studienrat seit 2009). 1992–1998 Studium der Germanistik und Biologie in Heidelberg, 1998–2000 Referendariat in Stuttgart, 2000–2003 Projekt-Supervisor in einer Hamburger Marketingagentur, 1996–1997 Lehrer für Deutsch als Fremdsprache in Thessaloniki und 2001–2006 in Hamburg, 2009 Promotion an der Universität Hamburg mit einer Dissertation zu Gisela Elsner: »Verfremdung des Vertrauten. Zur literarischen Ethnografie der ›Bundesdeutschen‹ im Werk Gisela Elsners« (bisher noch nicht veröffentlicht). Veröffentlichung: »Gisela Elsner und die Politik«, in: »Konstellationen: Zeitschrift für Literatur, Kultur & Gesellschaft« 2 (2002).

Evelyne Polt-Heinzl, geboren 1960. Studium der Germanistik, Politikwissenschaft und Philosophie in Salzburg und Wien, Literaturwissenschaftlerin und Literaturkritikerin (»Die Presse«, »Wiener Zeitung«, »Der Bund«) in Wien. Publikationen vor allem zur Literatur um 1900 und der Nachkriegszeit, Frauenliteratur, Lesekultur und Buchmarkt sowie kulturwissenschaftliche Motivuntersuchungen. Seit 1995 zahlreiche Anthologien u.a. für den Reclam-Verlag. Veröffentlichungen u.a.: *Arthur Schnitzler: Fräulein Else. Erläuterungen und Dokumente* (2002); *Bücher haben viele Seiten. Leser haben viele Leben* (2004); *Zeitlos. Neun Porträts. Von der ersten Krimiautorin Österreichs bis zur ersten Satirikerin Deutschlands* (2005); *Ich hör' dich schreiben. Eine literarische Geschichte der Schreibgeräte*, mit Illustrationen von Franz Blaas (2007); *Krisenzeiten. Literarisches Kursbuch durch einstürzende Finanzwelten* (2009).

Werner Preuß, geb. 1931. Studium der Germanistik, Theaterwissenschaft und Slawistik an der Humboldt-Universität zu Berlin 1952–1956; Promotion über Heinrich von Kleist, Potsdam 1962; Theater- und Literaturredakteur bei Radio DDR Berlin (1956–1960 und 1964–1979); Lehrer für Deutsch und Russisch in Potsdam (1960–1964); Leiter der Literaturredaktion von Radio DDR I und II (1979–1990); Literaturredakteur bei Kulturradio Berlin (Fusion von Deutschlandsender und RIAS Berlin) (1990–1991). Publikationen u.a.: *Heinrich von Kleist und die nationale Frage*, Diss. (1962); *Erich Weinert – Eine Bildbiographie* (1969); *Erich Weinert: Leben und Werk* (1969); *Erich Weinert: Dichtung ist keine Privatsache (Zeitgedichte – Zeitgeschichte)* (1990); *Wo man liebt, da laß dich ruhig nieder* (1974/1978); »Von den *Riesenzwergen* bis zur *Zähmung* – Gisela Elsner und ihre Kritiker«, in: »Kürbiskern« 1 (1985).

Lesen, was andere nicht wissen wollen:

konkret texte

Texte 1	Ronald M. Schernikau: *Dann hätten wir noch eine Chance*
Texte 5	Hermann L. Gremliza: *Ganghofer im Wunderland*
Texte 6	»Was tun? – Der KONKRET-Kongreß«, VHS
Texte 8	Hermann L. Gremliza: *Herrschaftszeiten*
Texte 9	Otto Köhler: *Hitler ging – sie blieben*
Texte 10	Sahra Wagenknecht/Jürgen Elsässer: *Vorwärts und vergessen?*
Texte 11	Horst Tomayer: *Tomayers ehrliches Tagebuch 1996–1988*
Texte 13	Wilfried Steiner (Hg.): *Zensur oder freiwillige Selbstkontrolle*
Texte 15	Georg Fülberth: *Das Ende als Chance?*, Band 1
Texte 16	Gerhard Scheit: *Mülltrennung*
Texte 17	Jürgen Elsässer: *Braunbuch DVU*
Texte 18	Georg Fülberth: *Das Ende als Chance?*, Band 2
Texte 19	Karl Heinz Roth: *Geschichtsrevisionismus*
Texte 20	Jürgen Roth/Kay Sokolowsky: *Der Dolch im Gewande*
Texte 21	Joachim Rohloff: *Ich bin das Volk*
Texte 23	Georg Seeßlen: *Glatzen und Glamour*
Texte 24	Wolfgang Schneider (Hg.): *Wir kneten ein KZ*
Texte 25	Karl Heinz Roth: *Anschließen, angleichen, abwickeln*
Texte 26	Hermann L. Gremliza (Hg.): *Braunbuch Österreich*
Texte 28	Georg Seeßlen: *Orgasmus und Alltag*
Texte 29	Hermann L. Gremliza: *Hat Israel noch eine Chance?*
Texte 30	Oliver Tolmein (Hg.): *Besonderes Kennzeichen: D*
Texte 31	Wolfgang Schneider (Hg.): *Kuba libre*
Texte 32	Jürgen Elsässer (Hg.): *Deutschland führt Krieg*
Texte 33	Thomas von der Osten-Sacken/Aras Fatah (Hg.): *Saddam Husseins letztes Gefecht?*
Texte 34	Moshe Zuckermann: *Zweierlei Israel?*
Texte 36	Erwin Riess: *Heimatkunde Österreich*
Texte 37	Miriam Lang (Hg.): *Salsa Cubana*
Texte 38	Erich Später: *Kein Frieden mit Tschechien*
Texte 39	Ilka Schröder (Hg.): *Weltmacht Europa – Hauptstadt Berlin?*
Texte 40	Andrei S. Markovits: *Amerika, dich haßt sich's besser*
Texte 41	Hermann L. Gremliza/Horst Tomayer: »*Das sehr gemischte Doppel*«, DVD
Texte 42	Gunnar Schubert: *Die kollektive Unschuld*
Texte 43	Luciano Canfora: *Das Auge des Zeus*
Texte 44	Stefan Frank (Hg.): *What's new, economy?*
Texte 45	Thomas Ebermann/Rainer Trampert: »*Bitteres Vergnügen*«, CD
Texte 48	Gerhard Henschel: *Die Springer-Bibel*
Texte 50	Erich Später: *Villa Waigner*

Mehr Informationen zu den einzelnen Büchern und Bestellungen unter **www.konkret-magazin.de** oder direkt beim Verlag:
KVV KONKRET, Ehrenbergbergstraße 59, 22767 Hamburg